Muchos de nosotros hemos estado orando para que nuestras ciudades sean cambiadas de manera visible por el poder de Dios. *Primera Prioridad* 1) le producirá la fe para que usted sepa que puede hacerse y 2) le dará pasos prácticos para llegar a ver un nuevo clima espiritual en su comunidad.

C. Peter Wagner
Presidente del Ministerio de la Cosecha Mundial
Pasadena, California

Las veces que he tenido la oportunidad de observar de cerca a Ted Haggard durante los últimos tres años, he visto claramente que "es un tipo verdadero". Este libro contiene principios que son "verdaderos". El leerlo le animará, le desafiará y le convertirá en un creyente que no está perdido en la iglesia o en la ciudad mientras la cortina del milenio cae sobre su nación. Más que eso, las verdades contenidas en esta *Primera Prioridad* son transferibles a cualquier iglesia en cualquier ciudad del mundo.

Luis Bush
Director Internacional de A.D. 2000 y del Movimiento
Más Allá
Colorado Springs, Colorado

Este libro es un clásico porque presenta el fundamento bíblico para unir y movilizar a la iglesia para que alcance a nuestras ciudades para Cristo. En lugar de una teoría ofrecida en un salón de conferencias, éste es un experimento probado llevado a cabo en un laboratorio con resultados que pueden ser aplicados en todas las comunidades del mundo. Recomiendo este libro a todas las personas.

Jim Hylton
Pastor de la Iglesia Bautista Lake County
Fort Worth, Texas

Ted ha escrito un libro que se necesitaba desesperadamente en este momento. Es sobre *la gente*: ella necesita ayuda. Es sobre *pasión*: el amor que Dios ha puesto en nosotros. Es sobre *la oración*: tener contacto con Dios de manera personal. Es un *plan* de acción: instrucciones específicas para hacer una diferencia ahora mismo en el mundo en que vivimos.

Billy Joe Daugherty
Pastor del Centro Cristiano Victoria
Tulsa, Oklahoma

Ted Haggard, probablemente más que otro pastor que yo conozca, tiene una visión que incluye a toda una ciudad, no solo a una iglesia local. Hasta que leí su libro, *Primera Prioridad*, no me había percatado completamente del impacto que había producido su visión en la ciudad de Colorado Springs. Los resultados son absolutamente fenomenales. Puede estar seguro que este libro no es solo una inyección espiritual, sino que contiene principios reales y fundamentales que, al ser aplicados, funcionarán para cualquier iglesia de cualquier comunidad.

Don Meares
Pastor de la Iglesia del Evangelio
Upper Marlboro, Maryland

Dada la reciente explosión de interés en el crecimiento espiritual y en la guerra espial, es bueno tener a alguien que nos recuerde por qué son tan necesarias esas actividades. Mientras que la estrategia y la metodología son importantes –y este libro presenta mucho de ambas cosas– Primera Prioridad es principalmente sobre las razones de ser. Y así es como debe ser. Porque si la experiencia personal de Ted Haggard nos dice algo, es que el verdadero éxito (el duradero) debe surgir de una comprensión profunda de por qué hacemos lo que hacemos.

George Otis, hijo
Fundador y Presidente del Grupo Centinela
Lynnwood, Washington

PRIMERA PRIORIDAD

Livier America Ortiz
62 Hurley St. Apt. 1
Cambridge, MA 02141
Ph. and Fax 617-441-2802

TED HAGGARD

Edición especial para
Editorial *Carisma*
Miami, Fl. 33172   U.S.A.

EDITORIAL
Carisma

PRIMERA PRIORIDAD por Ted Haggard

Todos los derechos reservados © 1996
por Libros Desafío, Apartado 29724, Santafé de Bogotá,
Colombia, bajo permiso de: Creation House, Lake Mary,
Florida, USA

Publicado originalmente en inglés por Creation House,
Lake Mary, Florida, USA, bajo el título, *"Primary Purpose"*
by Ted Haggard.

Copy © 1995 por Creation House.

Todos los derechos reservados.

Traducido por Leonardo González
Diseño carátula: Fernando Triviño

ISBN 958 9354 17 3

Producto 550054
IMPRESO EN COLOMBIA
BUENA SEMILLA
Apartado 29724
Bogotá, Colombia

Printed in Colombia
Impreso en Colombia

Dedicatoria

Muchos de los principios del presente libro se los debo a la influencia de un gran hombre, el pastor Roy Stockstill (llamado cariñosamente como hermano Roy) del Centro de Oración Mundial Betania en Baker, Louisiana.

Esta fue la oportunidad en que conocí al hermano Roy, yo había ido hasta el Centro Betania para hacer una cita con él. Cuando conduje mi carro dentro del estacionamiento, vi que había allí un hombre pintando una cerca. Me acerqué a él para preguntarle dónde podría encontrar al pastor Roy Stockstill. El me miró amablemente y me dijo: "Yo soy Roy Stockstill, ¿en qué puedo servirle?"

Yo me quedé sorprendido, pero sabía que tenía que hacer una cita con él, así que le dije: "¿Qué debo hacer para fijar una cita con usted?"

El me miró y me dijo cortésmente, de la manera en que solo un hermano sureño norteamericano puede: "Si quiere, puede fijar una cita conmigo tomando una brocha y ayudándome a pintar esta cerca".

Observando la vida del hermano Roy, aprendí muchas de las filosofías para hacer del ministerio un placer. Aunque muchos pastores con experiencia se cansan, se vuelven sarcásticos, amargados o abatidos, el hermano Roy halló una serie de secretos en el

ministerio que hicieron que él llegara a ser fiel, diverti-
do, vivificante y resuelto. Su sabiduría y su aguda
perspicacia hacen que, tanto los que están comenzando
en el ministerio como los que han sido extremadamente
efectivos para la obra de Cristo, deseen recibir sus
consejos y sus oraciones.

Yo creo que Dios en Su soberanía me colocó en una
posición de observar y aprender del hermano Roy, y
esas lecciones han pavimentado el camino para un
ministerio firme para mí.

A este honorable hombre de Dios, dedico humilde-
mente esta obra, sabiendo que su sabiduría sobrepasa
la calidad de las ideas escritas aquí.

Ya de camino al otoño de mi vida, si Dios me
concede los años de influencia positiva que El ha dado
al hermano Roy, yo estaría muy agradecido.

Reconocimientos

Quiero agradecer de manera especial a todos los que trabajaron conmigo en este libro.

Primero, a mi esposa, Gayle, por su invalorable ayuda en la transcripción, edición y composición hasta altas horas de la noche. Y a nuestros cinco pacientes hijos que escuchaban hablar de este libro en las fiestas de cumpleaños, picnics, partidos de béisbol, faenas en el establo, celebraciones del día de acción de gracias y navidad, y todo evento familiar durante seis meses.

Además quiero agradecer a las maravillosas personas de la Iglesia Vida Nueva que me animaron a escribir este libro y dejaron que descuidara el devolver sus llamadas telefónicas, cancelara citas en la oficina y no asistiera a bodas y funerales para poder terminarlo.

Agradezco a nuestro excepcional personal de la iglesia quienes, bajo el competente liderazgo de Lance Coles, vinieron a mí para decirme que ellos asumirían responsabilidades adicionales para que Meg Britton (secretaria), Ross Parley (pastor asociado) y yo pudiésemos trabajar como equipo en este proyecto. Todos estos amigos se sacrificaron para poder lograr la producción de este libro. Gracias.

Muchas gracias a Deborah Poulation, la editora, por su sincero interés y su determinación para lograr que yo escribiera, y al equipo de Strang Communications y Creation House. Un caluroso agradecimiento a Lee Grady, Steve Strang, John Mason, Tom Freiling y Kelli Bass. Gracias a Walter Walker, quien fue la primera persona en animarme a escribir estas ideas en forma de libro.

Y finalmente, quiero agradecer de corazón a mi padre, quien ya falleció, el Dr. J. Marcus Haggard, y a mi madre, Rachel Haggard, quienes poco a poco me inculcaron los valores fundamentales y un aprecio por la santidad. Sin su influencia, hubiese sido imposible hacer este libro. Gracias.

Contenido

Prefacio 11
Introducción 15

Sección I: El Modelo de Colorado Springs

1 Comienzos inusuales 18
2 El cerco 31
3 Permaneciendo firmes 46

Sección II: Cinco Principios Prioritarios

4 Enfocarse en los absolutos de las Escrituras . . 57
5 Promover el ministerio de Cristo y Su Palabra (por encima de su propia misión o método) 69
6 Orar para elevar el nivel de las aguas de la actividad del Espíritu Santo en su ciudad 81
7 Apreciar las respetadas interpretaciones de los demás sobre las Escrituras 95
8 Apoyarse mutuamente en palabras y hechos . 102

Sección III: La Guerra del Estilo de Vida: Siete Puntos de Poder

9 Viviendo en el árbol de la vida 113
10 Practicar el perdón 129
11 Ser un siervo 138
12 Mostrar respeto 146
13 Cultivando el carácter 153
14 Orando desde el cielo 166

15 Comunicándonos con Dios y
confrontando al enemigo 176

Sección IV: Nuestra Responsabilidad para con nuestra Primera Prioridad

16 ¿El cielo o el infierno? Es su ciudad.
Es su elección. 190

Notas 195

Gráficos

1 Indices de criminalidad en Colorado Springs,
Colorado 44

Ilustraciones

1 Diagrama del sistema de creencias de
un individuo 61
2 Ejemplos de anuncios para autobuses
y calles 77
3 Una medida del nivel de agua de la actividad
del Espíritu Santo en una ciudad 82
4 Aumentando la influencia de la iglesia en una
ciudad 84
5 Una burbuja en el nivel de agua de una ciudad   87
6 Una iglesia enfocada en el crecimiento por
transferencia 91
7 Una iglesia enfocada en el crecimiento por
conversión 92
8 El punto de vista del mundo sobre el
liderazgo 139
9 El punto de vista de la Biblia sobre el
liderazgo 141
10 El impacto de la oración en un individuo . . . 171
11 El impacto de la oración en una ciudad 172

Prefacio

Uno de los fenómenos más sorprendentes que han ocurrido durante mi vida y mi ministerio cristiano ha sido el marcado cambio geográfico del centro de gravedad del evangelismo en Norteamérica.

Cuando por primera vez me percaté de eso, Nueva York-Filadelfia era el eje de prestigio. La ciudad de Nueva York tenía la Misión Interior de Sudán, La Iglesia Bautista Calvario, la sede de la Alianza Cristiana y Misionera y su enorme tabernáculo, y muchos otros ministerios. En Filadelfia, se podía encontrar la Misión del Interior de China, el Seminario Westminister, el diario *Sunday School Times* y la Décima Iglesia Presbiteriana de Donald Gray Barnhouse y su revista *Eternity*

Después de la Segunda Guerra Mundial, el centro de gravedad comenzó a cambiar a Wheaton, Illinois. Ubicado cerca del Wheaton College y de la Iglesia Moody, Wheaton se convirtió en un imán para las organizaciones misioneras evangélicas, casas editoriales cristianas y otros ministerios. La Asociación Nacional de Evangélicos hizo de Wheaton su sede. Esta ciudad llegó a conocerse afectuosamente como "El Vaticano Evangélico".

Durante la década de los 70 y 80, Pasadena, California y Tulsa, Oklahoma, mostraban señales de

querer ser los nuevos centros de gravedad, pero ninguna se convertiría en la sucesora de Wheaton. Fue solo
cuando entramos en la década de los 90, se hizo
evidente un nuevo centro nervioso, destinado a guiar al
evangelio norteamericano hacia el siglo veintiuno: Colorado Springs, Colorado.

Anteriormente, Colorado Springs no era totalmen-
te desconocida. Hubo allí dos ministerios significativos:
Los Navegantes y Vida Joven. Pero el público en general
veía a Colorado Springs más como un centro de Nueva
Era y ocultismo que como un centro de cristianismo
evangélico. Entre otras, esta ciudad se había ganado la
reputación de ser un cementerio de pastores. Esto
comenzó a cambiar cuando el pastor Ted Haggard se
mudó a Colorado Springs en 1985.

Diez años después, sería difícil encontrar en los
Estados Unidos a un líder cristiano bien informado que
no sepa que Colorado Springs se ha convertido en el
"Wheaton del Oeste". Al momento de escribir el presente
prefacio, más de ochenta ministerios cristianos han
reubicado sus sedes en Colorado Springs. Entre las
más grandes están: la Alianza Cristiana y Misionera del
área de Nueva York, la casa editorial David C. Cook
Publishing del área de Wheaton y Enfoque en la Familia
del área de Pasadena. El Clima social, político, económico, moral y espiritual de la ciudad es radicalmente
diferente del que había hace apenas cinco años. Un
sorprendente artículo publicado recientemente en el
diario *Washington Post* con el título: "En Colorado
Springs los grupos religiosos tienen el derecho de paso",
dice: "Si se coloca al Distrito de Columbia, el cual está
dominado por demócratas, de cabeza, se obtiene a
Colorado Springs". Este continúa resaltando la influencia tangible que los cristianos aferrados a la Palabra de
Dios han tenido en esa ciudad.[1]

¿Cómo sucedió todo esto?

Hay muchos que tienen sus propias historias en
relación a esto, pero nosotros tenemos ahora una importante parte de la respuesta a esta pregunta de parte

de uno de los mayores participantes, el pastor Ted Haggard de la Iglesia Vida Nueva. Mientras lee este libro, sentirá el corazón de Dios latiendo a través de Ted Haggard. El no escribe para gloriarse a sí mismo ni a su iglesia, sino para glorificar al Señor Jesús quien le envió a él y a su esposa, Gayle, a Colorado Springs desde Baker, Louisiana.

Nunca olvidaré la primera vez que entré al auditorio de adoración de la Iglesia Vida Nueva. En el Seminario Fuller, yo trabajo como profesor de crecimiento de la iglesia en la Escuela de Misión Mundial. Yo me veo como un especialista profesional de las misiones especializado en el crecimiento de iglesias. Cuando vi por primera vez el auditorio de adoración de Vida Nueva y su extraordinaria decoración, supe de inmediato que estaba en una iglesia local que personificaba de manera impactante mis propios anhelos. Primero, la capacidad de gente sentada era aproximadamente de cuatro mil. Segundo, del techo colgaban las banderas de todas las naciones del mundo. Mientras que la Iglesia Vida Nueva obviamente estaba produciendo un fuerte impacto en su comunidad de Colorado Springs, también estaba claro que su visión no terminaba allí. Es también una de las iglesias con mayor propósito misionero que yo haya visto.

Le dije a Ted Haggard que si alguna vez me mudaba a Colorado Springs, me gustaría ser miembro de la Iglesia Vida Nueva.

De los incontables libros que tengo en mi biblioteca escritos por pastores de iglesias locales, *Primera Prioridad* es algo único. Aquí hay mucho acerca de la Iglesia Vida Nueva, pero eso no quiere decir que "las demás iglesias deben hacerlo de la misma manera". Todo lo contrario. Ted Haggard señala a muchos otros pastores e iglesias en Colorado Springs como modelos en su ministerio. Ted cree profundamente en todos los dones del Espíritu Santo, pero constantemente hace más énfasis en el fruto del Espíritu que en los dones. El sostiene fuertes convicciones sobre muchos temas, nombrando muchos de ellos de manera explícita, pero siempre con humildad y un profundo respeto por todos los que difieren con él. Sabe cómo impartir fe y optimismo sin ser triunfalista.

Muchos de nosotros hemos estado orando para que nuestras ciudades sean cambiadas de manera visible por el poder de Dios. *Primera Prioridad* 1) le producirá la fe para que usted sepa que puede hacerse y 2) le dará pasos prácticos para llegar a ver un nuevo clima espiritual en su comunidad.

C. Peter Wagner

Seminario Teológico Fuller

Pasadena, California

Introducción

Nuestras bibliotecas están llenas de libros y videos cristianos. Tenemos iglesias en todas las calles principales, más personal en las iglesias que nunca antes, grandes departamentos de escuela dominical, sistemas de células, seminarios de mega y meta-iglesias. Tenemos etiquetas engomadas en los parachoques de nuestros autos, grupos de acción política, enormes ministerios "para-iglesias" y programas sociales extensos. Hemos construido grandes iglesias, ministerios, universidades y casas -y en medio de todo, hemos perdido todas las grandes ciudades de Norteamérica.

Tenemos hermosos seminarios, bibliotecas maravillosas y análisis teológicos de gran profundidad. La gente en nuestras iglesias está riendo, descansando en el espíritu e intercediendo con vigor. Otras iglesias están cansadas, arruinadas y amargadas. Nuestras campañas de televisión, radio y literatura nos hacen creer que estamos haciendo la diferencia. Y nuestros profetas nos dicen que es cierto, pero las estadísticas no.

Es tiempo de un regreso sensato, guiado por el Espíritu y basado en la Biblia hacia nuestra primera prioridad. Se puede lograr. Este libro proporciona cuatro secciones que lo prueban.

- La Sección 1 demuestra los hechos.

- La Sección 2 revela cinco principios probados que pueden ser usados en cualquier lugar para hacer que el cuerpo de Cristo sea más efectivo.

- La Sección 3 enfatiza las virtudes y las enseñanzas bíblicas que son necesarias para hacer que los cinco principios funcionen –yo les llamo "la guerra del estilo de vida".

- La Sección 4 es la puesta en marcha: Nosotros estamos equipados y somos los responsables de hacer la diferencia. Y Cambiar nuestras ciudades no solo es posible, es fácil (y natural para nosotros como cristianos).

El
Modelo de
Colorado Springs

Comienzos Inusuales

El teléfono me estremeció, sacándome de un profundo sueño. Al principio nadie respondió a mi aturdido y confundido "aló". En el fondo se oía una música y un leve sonido de personas hablando.

Luego comenzó a hablar una voz amenazadora. "Nosotros controlamos esta ciudad y te controlaremos a ti. Tú has abierto tu estúpida boca demasiadas veces, así que te destruiremos, y también a tu familia. Te detendremos y detendremos a los que son como tú", continuó diciendo. "Te enterraremos vivo. Queremos que sufras".

Me senté en la cama. "¿Quién habla?"

El interlocutor ignoró mi pregunta. "Estamos en todas partes y te atraparemos. Si te quedas en esta ciudad, sufrirás, Ted Haggard, tú y tu familia".

"¡Te ato, demonio, en el nombre de Jesús!" exclamé. El interlocutor logró toda mi atención.

"Todo lo que se necesita es que salgas a la caseta de la correspondencia, que estés en algún momento a solas en el patio o que saques a pasear a tu perro. Te atraparemos. No tendrás éxito. Sabemos para qué estás aquí, y te detendremos. Si no sales de esta ciudad ahora mismo, nos aseguraremos de que nunca hubieses deseado venir a Colorado Springs".

Click.

Nuestra habitación parecía oscura y fría. Mi esposa, Gayle, preguntó inocentemente: "¿Quién era, cariño?"

Evité darle una respuesta. "Necesito un vaso de agua". Me levanté a revisar a nuestros hijos. Mientras iba de habitación en habitación, pensé: "¡Vaya bienvenida nos ha dado Colorado Springs! ¿De dónde vino esta gente?"

Bienvenidos a Colorado Springs

Colorado Springs, al igual que otras ciudades norteamericanas, se ha ganado la reputación de ser un cementerio de pastores. La mayoría de las iglesias recién levantadas fracasaban. Los pastores se desanimaban por causa de la inasistencia y los problemas financieros. Habían tratado de promover la unidad y la armonía y se habían formado grupos de oración por toda la ciudad. Pero las relaciones fueron forzadas y el cuerpo de Cristo fue fragmentado.

"Lo menos que esta ciudad necesita es que haya más iglesias", dijo un pastor veterano mientras me miraba, durante un desayuno semanal de pastores. Yo era el único que iba a empezar con una iglesia nueva. "Después de diez o quince años lo entenderás, después de que te des cuenta de lo frágiles que son los cristianos de Colorado Springs y lo mucho que te costará tratar de ser pastor en esta ciudad".

Yo me quedé allí sentado en silencio, un poco avergonzado.

Después de la reunión se quedaron a tomar café. Uno de ellos me preguntó: "¿Has escuchado acerca de las mutilaciones de ganado que están sucediendo aquí?" Me contó que los granjeros encontraban a su ganado muerto en el campo, y les habían quitado las lengua, los labios, el corazón, las orejas y los órganos reproductivos, aparentemente con un cuchillo muy afilado. Algunos informaban que no había huellas de ruedas de autos ni rastros de sangre.

Otro pastor dijo, mientras describía la problemática situación de su iglesia: "El domingo pasado hallamos unos fetiches en nuestra puerta".

Otro dijo: "Yo creo que son satanistas. Ellos ayunan y oran contra nosotros también. Nos odian".

Uno de ellos comenzó a decir: "Hace un par de años, una mujer trató de escapar del control de su círculo. Ella nos contó cómo entrenaban a sus hijos en el satanismo. Ellos los llevan a sus reuniones y los hacen participar en sacrificios reales y en todo lo que rodea a dichos sacrificios. Los niños experimentan personalmente el poder espiritual demoníaco.

"Cuando estos niños alcanzan la adolescencia, los padres los llevan a una iglesia cristiana ineficaz.

Al salir de allí, preguntan a los hijos: '¿experimentaste algún tipo de poder en la iglesia cristiana?' Los hijos siempre responden negativamente con toda sinceridad. 'Entonces, ¿quién crees tú que está realmente vivo, Satanás o Jesucristo?'

"La respuesta obvia es siempre Satanás. Poco después de eso, los jóvenes pasan por un ritual que los confirma como satanistas".

Para mí era difícil creer que todas esas cosas estaban sucediendo en una ciudad que parecía tan normal. Después de todo, las iglesias del centro de la ciudad, como la Primera Iglesia Metodista Unida, la Primera Iglesia Bautista y la Primera Iglesia Presbiteriana, parecían estables y fieles. Y algunas de las iglesias liberales y anticarismáticas estaban prosperando.

Solo una iglesia carismática, la Hermandad Cristiana de la Fe, había aumentado a 550 personas, pero esto fue efímero. La mayoría de los ministerios tenían que luchar duramente para sobrevivir, pero Gayle y yo teníamos confianza en la dirección de Dios.

Cierta tarde yo estaba orando para que hubiese un gran derramamiento del reino de Dios en Colorado Springs y las áreas aledañas. De pronto, fui sorprendido por mi propia incapacidad.

"¡Padre, no sé cómo hacer esto! Nunca antes había comenzado a levantar una iglesia. Señor, tienes que ayudarnos a Gayle y a mí".

Entonces, en medio de mi desesperación, el Señor me confortó. "Te voy a bendecir para que confundas a todos los que piensan que saben lo que están haciendo". Eso fue suficiente. Yo sabía que no tenía que ser un experto para tener éxito. Dios quería hacer un milagro en esa ciudad.

Iniciando una iglesia en nuestro sótano

En Enero de 1985, realizamos nuestro primer servicio en el sótano de nuestra casa en Lightning Way. Coloqué cinco cubetas una sobre otra para usarlas como púlpito y les pedimos a los hermanos que iban a comenzar a asistir allí, que trajeran sus sillas de jardín. Nuestro sótano no estaba bien acabado y estaba frío y vacío.

Algunas veces, nuestro líder de alabanza tenía que caminar por las calles pidiendo que lo llevaran para llegar a los servicios, pero era fiel. Un domingo, durante una tormenta de nieve, llegó al servicio en la parte trasera de una camioneta pickup. La nieve cubrió su cabeza y sus hombros y luego se derritió lentamente mientras tocaba la guitarra. Eso no nos importaba, porque nosotros buscábamos una esperanza y un propósito, no un espectáculo.

Venía gente de todo tipo, desde un exitoso contador hasta una mujer conocida en su zona como la "mujer gusano". Ella se ganaba la vida recogiendo gusanos de las calles por las noches, cuando estaban funcionando las regadoras de calles, llevando puesto un impermeable y un sombrero de minero. Pero nosotros teníamos un sentido de emoción y destino y creíamos que éramos especiales.

En cierta oportunidad, yo estaba orando por la falta de personas preparadas, entonces abrí mi Biblia en 1 Samuel 22:2. Allí encontré una descripción de las personas que se unieron a David cuando estaba solo. "Y se juntaron con él todo los afligidos, y todo el que estaba endeudado, y todos los que se hallaban en amargura de espíritu, y fue hecho jefe de ellos".

Ese texto describía nuestra banda de veinticinco personas. Probablemente nosotros la pasábamos tan bien por causa de nuestra inocencia e inexperiencia. Apenas nos conocíamos entre nosotros, pero siempre que nos reuníamos a adorar, a estudiar la Biblia y a orar, teníamos grandes expectativas.

Tuve que informar a nuestros vecinos sobre las reuniones que íbamos a tener.

"Un vecino me dijo: "Puedes utilizar tu casa durante cuatro meses para iniciar una iglesia". Luego agregó: "Tener una iglesia en la casa es una violación del código, pero nosotros no lo reportaremos siempre y cuando no molestes a la vecindad".

Yo estaba decidido a respetar a mis vecinos y a no darles razones por las cuales se preocuparan. Mi propósito era ser de bendición, no de maldición. Por cuanto nos estábamos reuniendo en una zona residencial, yo sabía que mi vecino estaba en lo cierto. Si se quejaban ante las autoridades, nosotros tendríamos que suspender nuestras reuniones, así que implantamos reglas estrictas sobre el asunto de estacionar los autos y el ruido, al tiempo que enfatizábamos la mentalidad de siervos.

1. No estacionarse frente a la casa de ninguna otra persona.

2. Estacionarse en el parque que estaba al final de la calle y caminar en silencio hasta la casa.

3. No reunirnos ni hablar fuerte en grupos fuera de la casa.

4. No caminar por la propiedad de las demás personas.

5. No echar desperdicios en la calle.

6. No atraer demasiado la atención.

Mis vecinos aún estaban preocupados sobre la gente que entraba y salía y por el aumento del tráfico de autos. Yo visité a cada uno de ellos y les aseguré que para el mes de Abril ya cesarían las reuniones en la casa y les agradecí por su paciencia. Ellos estaban contentos de que yo me hubiese comunicado abiertamente con ellos y dijeron que las personas eran realmente agradables. Pero ellos hicieron énfasis en el límite de cuatro meses.

Reacciones espirituales

En aquel entonces no entendí la razón, pero en los siguientes cuatro meses nuestra vida se convirtió en una locura.

Un día, yo estaba trabajando en el estacionamiento de mi casa. Jack Hall, un estudiante del Instituto Cristo Para Todas las Naciones, nos estaba visitando y jugaba en el patio con mis hijos Cristy y Marcus.

Una mujer joven que yo había conocido unas cuantas semanas antes por medio de la iglesia, se acercó a la casa.

"Hola, Pastor Ted. ¿Cómo está?" dijo la mujer mientras caminaba por el camino hacia la casa. Se veía atribulada.

"Muy bien. Qué bueno verle hoy. ¿Qué la trae por aquí,? le pregunté.

Mientras la mujer se acercaba, se inclinó un poco para tocar su tobillo, como si quisiera rascarse la pierna. Pero en lugar de ello, sacó un cuchillo de quince centímetros de largo y arremetió contra mí. Yo la sujeté por la muñeca y le quité el cuchillo de su mano mientras Jack corrió hacia mí para ayudarme.

Ella gritó: "¡Lo siento, pastor Ted, pero me ocurre algo malo, muy malo. Me siento completamente fuera de control!"

Yo le dije con firmeza: "No se preocupe, se va a poner bien". Oré con ella y luego le dije que se fuera a su casa. Jack la llevó hasta el auto de ella, el cual había escondido del otro lado de la casa de un vecino.

Yo estaba empezando a comprender una inusitada dinámica espiritual que no era culpa de la mujer.

En otra oportunidad, en una reunión de oración de los miércoles, todo parecía normal hasta que un hombre salió a buscar algo en su auto. Regresó rápidamente para decirnos que había una mujer en el jardín posterior de nuestra casa chillando como un gato.

Nosotros sabíamos la razón por la cual estaba allí. Nosotros estábamos orando por la ciudad, y su círculo le dio la responsabilidad de tratar de contrarrestar las oraciones. (El producir ruidos como de chillidos de gatos es una práctica común de personas endemoniadas para tratar de llamar a otros demonios.) Nosotros no estábamos alarmados ni temerosos, sólo apenados de que nuestros vecinos pudiesen haber oído el chillido y se preguntasen qué estaría sucediendo. Nunca les dije una sola palabra de eso a ellos.

A menudo, Gayle y yo nos despertábamos en la noche sintiendo que había gente aproximándose a nuestra casa desde la parte trasera. Yo me levantaba y encendía las luces externas. Esa era la sensación más cercana al terror que yo haya experimentado en los primeros días de la iglesia. Entonces nosotros orábamos juntos y volvíamos a dormir.

Las llamadas telefónicas amenazadoras eran una práctica semanal, especialmente los sábados por la noche: "Mañana estarás muerto. Te vamos a matar. Te dispararemos en la mañana frente a esos fanáticos. Nunca más verás a tus hijos".

Otras llamadas decían: "Otra impertinencia de tu parte, Ted Haggard, y habrá un terrible pandemonio en esta ciudad".

Estas llamadas estaban repletas de imprecaciones sucias que no me atrevería ni siquiera a comenzar a describir en este libro. Gayle y yo comenzamos a desconectar nuestro teléfono los sábados por las noches como una rutina.

Nos preguntábamos sobre el carácter de la gente que visitaba nuestra iglesia y si serían espías de parte de los satanistas. Venía gente rara a nuestra casa, pero no sabíamos cómo nos hallaban.

A menos que fuese a través del mundo espiritual, gracias a las reuniones de oración.

Oración: Comunión y confrontación

Poco después que comenzamos la iglesia, invité a un puñado de hombres a orar conmigo en el sótano durante una fría noche de invierno. Un hombre del grupo, que para efectos de la historia le llamaremos Ron, dijo que Dios le estaba revelando que un espíritu demoníaco religioso llamado Control estaba trabajando en nuestra ciudad. Dijo que el Espíritu Santo incluso le permitió ver ese espíritu. Ron sintió que Control se estaba haciendo pasar como un espíritu bueno que había ganado autoridad en varias iglesias del área.

Ahora el espíritu había venido para asumir autoridad sobre nuestra iglesia recién nacida.

Nosotros no íbamos a permitir que eso sucediera. Los demás comenzaron a ordenar al espíritu maligno que se sometiera "en el nombre del Señor Jesucristo". Inmediatamente percibí una resistencia; el espíritu se resistía a someterse. Ron podía "ver" al espíritu, como la silueta de un hombre luchando con un oponente invisible.

Continuamos orando. "Te ordenamos, en el nombre de Señor Jesucristo, que te sometas a Su señorío. Debes someterte a El por causa de la cruz y de la Palabra de Dios".

Batallamos en oración durante cuarenta minutos. "En el nombre del Señor Jesucristo, te decimos que nunca más podrás ejercer control alguno sobre la Iglesia Vida Nueva y que tienes prohibido hacer que otras iglesias de esta ciudad sean controladas, manipuladas ni enjuiciadas. Debes someterte. No tienes opción. Estás vencido. ¡Ahora sométete en el nombre de Jesús!"

Un instante después, sabíamos que nuestra petición se había logrado. Ron lo vio caer de rodillas. Nosotros nos sentimos fortalecidos, aliviados y complacidos de haber librado una batalla y haber vencido al enemigo. Pero al mismo tiempo nos preguntábamos si esta pequeña reunión de oración en el sótano de mi casa podría traer más conflictos con las potestades demoníacas religiosas del área.

Resultados tangibles

Aun cuando estaban sucediendo cosas extrañas, decidimos no hablar sobre ellas en nuestros servicios del domingo por la mañana y ni siquiera tocar el punto durante las reuniones de oración los miércoles por la noche. En lugar de ello, aumentamos nuestro compromiso de llevar a cabo el plan de Dios para nuestra región y hablábamos de Su visión para Colorado Springs. Confrontábamos agresivamente al enemigo en privado y nos negábamos a darle una atención innecesaria en público.

Nuestra iglesia del sótano creció en asistencia de veinticinco creyentes a más de setenta para finales de Abril. Pero parecía que no estábamos haciendo nada bien. De acuerdo con los libros de crecimiento de nuestra iglesia, nuestra ubicación, nuestra publicidad, nuestras instalaciones, nuestras publicaciones, el estacionamiento, el personal y las finanzas, estábamos mal, todo estaba mal excepto nuestro corazón.

Así que, justo cuando terminaron los cuatro meses, el Señor obró fielmente una serie de milagros que nos permitieron mudarnos de nuestro sótano a una localidad pública. En medio de esos milagros y los extraños encuentros espirituales, orábamos y ayunábamos más. Eso nos ayudó a descubrir la razón principal para presionar a la oposición y seguir corriendo el riesgo de que alguien nos hiciera algún daño físico. En pocas palabras, el diablo nos había presionado demasiado. La gente nos había amenazado demasiado. Entonces anunciamos nuestra primera prioridad: Impedir que la gente de Colorado Springs fuese al infierno.

Dios estaba colocando Su visión en nosotros, Su visión para nuestra ciudad y para el estado de Colorado.

Durante un retiro de oración, vi en mi corazón un estadio con miles de hombres alabando a Dios. Ejércitos de hombres.[1]

En otra ocasión, vi un centro donde la gente podía ir a orar y ayunar y a reunirse exclusivamente con el Señor. No había consejeros, ni terapistas. Sólo espacios abiertos, hermosas montañas y oración.[2]

En una tercera ocasión, vi un centro mundial de oración donde la gente iba de todas partes del mundo

a orar por la evangelización mundial. En ese centro de
oración, los intercesores podían entrar en una esfera
que tenía un enorme globo terráqueo para orar por la
gente de todas partes del mundo.[3]

En otra visión, estaba la Iglesia Vida Nueva, llena
de gente alabando y adorando a Dios, aprendiendo de
las Escrituras en una atmósfera de libertad y seguridad.

Entonces comencé a comprender: Dios tenía un
sueño específico para mi vida, mi familia, mi ciudad y
mi estado. Debemos ser embajadores de Su sueño y
co-obreros con El para hacerlo realidad.

Ideas frescas por medio de oración y ayuno

A medida que crecíamos dentro y fuera de edificaciones cada vez más grandes, el Señor nos enseñaba a
ser catalizadores de la visión de Dios en una ciudad.
Por cuanto ninguno de nosotros habíamos participado
jamás en una iglesia que pensara de manera agresiva
en una ciudad en esos términos, orábamos y ayunábamos regularmente, pidiendo a Dios que nos diera ideas.

Y a medida que orábamos juntos, nuestras oraciones parecían tomar una dirección sobrenatural.

- Orábamos para que los recursos de nuestra
  ciudad fuesen utilizados para el evangelismo
  del mundo.

- Orábamos para que Colorado Springs se convirtiera en un lugar de refugio para que los
  cristianos pudiesen criar a sus hijos y disfrutar de sus hogares en paz.

- Orábamos para que a toda la gente de nuestra
  región le fuese presentado el evangelio de una
  manera comprensible.

- Orábamos para que Dios llamase a nuestros
  jóvenes, tanto hombres como mujeres, a participar en Su plan global.

- Orábamos para que las iglesias combinaran una sólida comprensión de la Biblia con el libre fluir de Su Espíritu.

Durante los tiempos de oración y ayuno, nos dábamos cuenta de que la cosecha estaba lista en Colorado Springs. Yo sentí que por lo menos veinte mil personas estaban preparadas por Dios para llegar a Cristo. No habría que convencerlas. El Señor ya las había preparado. Sólo faltaba que llegásemos hasta ellas con la Palabra.

Nuestra fe era alta.

Nuestra responsabilidad estaba clara.

Una vez, alquilé una habitación en un hotel local para orar y ayunar. Desde dicha habitación, podía ver la porción del norte de Colorado Springs. Había música de adoración al fondo. Yo había estado orando y meditando en las Escrituras cuando comencé a sentir como si mis manos estuviesen sucias y hubiese algo en ellas. Comencé a estrujarlas para quitar lo que fuese que hubiese en ellas. De repente me di cuenta que lo que había en mis manos era la sangre de las personas.

Aparentemente, el Señor me estaba mostrando que yo no sólo tenía el privilegio de leer mi Biblia, orar oraciones bonitas y pastorear una agradable iglesia pequeña. Yo tenía que ayudar a rescatar a mucha gente del inminente desastre eterno. Yo sabía que la responsabilidad era mía. Yo no podía delegarla en otra persona ni inventar excusas para fracasar. Yo sabía que Dios me haría a mí responsable.

Así que le supliqué misericordia y me puse a trabajar.

Un gran experimento

Para entonces yo temía mucho a Dios como para enfocarme exclusivamente en la Iglesia Vida Nueva. Su sueño para nuestra ciudad era mucho más que un solo pastor o una sola congregación. Una vez que nos dimos

cuenta que la Iglesia Vida Nueva debía ser un catalizador de una visión más grande que requeriría que au-
mentara la participación de muchas iglesias, nuestras
oraciones y la visión por alcanzar a la gente.

Llegó a convertirse en una obsesión para mí el gran
experimento de vivir en una ciudad donde a todo ciudadano le fuese presentado el evangelio de manera
entendible. Nuestro tema era un lema que aprendí de
Danny Ost, el gran misionero en México: Ganar a las
almas perdidas a cualquier costo porque la gente es
para siempre.

Para entrar en el mundo secular, compramos un
espacio de treinta segundos en la televisión para promocionar al Señor y a la Biblia durante los programas
más profanos y hacíamos transmitir testimonios cristianos grabados en programas radiales seculares. Di-
señamos hermosos avisos sobre Jesús para los autobuses, vallas anunciadoras, taxis y estadios de béisbol.

Yo sabía que el Espíritu de Dios nos estaba dando
ideas que podían llegar efectivamente a nuestra comunidad. Su deseo de alcanzar las personas parecía abru-
mador. El quería que nosotros asiéramos esta ciudad
para El. El quería que nosotros impidiéramos que las
personas de Colorado Springs fuesen al infierno. Y
comenzó a añadir a nuestra iglesia personas que El
sabía que conocían cómo hacerlo.

El Cerco

Colorado Springs está lleno de héroes olvidados. Uno de ellos es Bob Edwards. Recuerdo cuando se me presentó después de un servicio. Era de aspecto sano, apenas comenzaba los veinte años y era tierno. Me agradó inmediatamente.

"Hola, mi nombre es Bob", me dijo, mientras observaba el templo por dentro. "¿Podemos hablar?"

"Claro, me encantaría. Estoy contento de que haya venido esta mañana", le dije.

Más tarde cuando nos reunimos, me explicó que él y algunos amigos habían estado asistiendo a otra iglesia. Sin embargo, por causa de las inusuales reuniones de oración que ellos hacían en esa iglesia, les habían pedido que se fueran.

Me dijo: "hemos sido cortados", y me preguntó si podían usar nuestra iglesia para sus reuniones de oración. "Algunos amigos míos y yo sentimos que Dios nos está mostrando que algunos de los poderes demoníacos que hay sobre esta ciudad están impidiendo que las iglesias crezcan y evitando que la gente acepte a Cristo. Por ello es que nosotros estamos orando. No somos *gente rara* ni nada por el estilo. Sólo queremos orar".

Bob y sus amigos ya habían estado orando por la ciudad desde hacía cuatro años, pero sentían que los pastores y los líderes de las iglesias siempre los habían mantenido a distancia. Yo estaba de acuerdo con lo que él me decía, pero la guerra espiritual no era un tema popular en ese entonces. Por esa razón yo no hablaba públicamente sobre mis experiencias. Pero la guerra espiritual era un factor fundamental para nuestro propósito.

"Escucha, hermano", le dije, "Yo estoy a favor de todo lo que edifica al cuerpo de Cristo. Puedes usar nuestro local cada vez que desees para reuniones de oración siempre y cuando dichas reuniones sirvan para exaltar al Señor".

Dos semanas después, Bob y un grupo de jóvenes estaban en nuestra iglesia un viernes por la noche orando con una cubeta de cinco galones de aceite de cocina.

Bob me explicó lo siguiente: "Le preguntamos a Dios qué debíamos hacer y El nos dijo que ungiéramos la ciudad con aceite. Durante algunos servicios la gente es ungida con una gota de aceite en su frente, así que para ungir a la ciudad, buscamos un aspersor de jardinería que llevaríamos con nosotros mientras oramos por la ciudad. Puede contener hasta cinco galones, y creo que servirá".

La verdad es que pensé que era algo fuera de lo común, pero Colorado Springs también lo es.

Paso 1: Oración

Bob y sus amigos emprendieron una guerra a nivel espiritual. Ellos adoraban al Señor, oraban en el Espíritu, confrontaban a las fuerzas del maligno, y pedían a Dios que sus ángeles subyugaran a las tinieblas. Era como un libro de Frank Peretti hecho realidad, y eran sólo reuniones de oración.

Luego salían por la ciudad ungiendo las principales intercesiones, los puntos de poder espiritual y las iglesias. Rociaban aceite sobre el pavimento y sobre la grama, pero siempre respetando la propiedad privada al no rociarlo en las paredes de los edificios ni en las ventanas. Bob y sus amigos visitaron quince casas que pertenecían a brujos y oraban por ellos. En un mes, diez de esas casas fueron puestas en venta.

Mucha gente que estaba involucrada con los poderes demoníacos decían estar siendo perseguidos en Colorado Springs. Cuando se les preguntaba en qué forma estaban siendo perseguidos, no podían dar una respuesta tangible. Ellos sólo sabían que algo no funcionaba bien en cuanto a sus habilidades para apropiarse del poder espiritual maligno. Como resultado, algunos se entregaron al Señor, mientras que otros se mudaron a un sitio que ellos consideraban tenía un "clima espiritual más amigable".

Una vez Bob me preguntó: "¿Sabes cuánto tiempo permanece el aceite en el pavimento? Se queda allí para siempre".

Y ese es exactamente la clase de impacto que una ciudad necesita, pensé.

No solo Bob Edwards y sus amigos estaban orando contra los poderes demoníacos, sino que nuestra iglesia también estaba orando para que el Espíritu Santo bendijera a todas las personas en Colorado Springs, literalmente. Dividíamos las páginas de la guía telefónica en pequeños pedazos los cuales contenían cinco nombres cada uno. Cada miembro de la iglesia recibía cinco nombres de personas por las cuales orar cada semana.

Después de orar por las personas de la guía telefónica, le pedimos a Dios que prosperara y bendijera los negocios. Las iglesias que aparecían en las páginas amarillas recibían una atención especial. Queríamos que Dios hiciera que cada iglesia en nuestra ciudad se convirtiera en una iglesia creciente y vivificante*.

Pero eso no era suficiente. Pedimos a las personas que visitaran las escuelas y los centros comerciales –todo lugar donde la gente se reuniera–y oraran discretamente por ellas. Oramos específicamente por los trabajadores del gobierno, pidiendo a Dios que les diera ideas para bendecir nuestra ciudad y hacer de ella un mejor lugar para vivir. Cuando nuestro departamento de policía y otras instituciones oficiales inician programas que funcionan, nos gozamos con ellos por su éxito.

También animamos a las personas a conseguir un mapa de la ciudad y orar por sus vecindarios. Don Lovell, un miembro de la congregación, organizó caminatas sistemáticas de oración por toda la ciudad. (Una caminata de oración simplemente significa que uno va al lugar real donde uno desea ver una respuesta y ora en ese sitio. Si desea orar por las empresas que quedan en el centro de una ciudad, va hasta allá y camina por esa zona orando discretamente. No necesita llamar la atención.)

Yo les decía a las personas que practicaban las caminatas de oración lo siguiente: "Cuando vean una anuncio de 'Se Vende', allí tienen una oportunidad". Esas propiedades estaban en transición. Nosotros queríamos que fuesen compradas de acuerdo con la voluntad de

---

* *Una iglesia vivificante es aquella que enfatiza los absolutos de las Escrituras e imparte la vida de Cristo. En algunas ciudades las iglesias vivificantes pueden ser carismáticas o presbiterianas, mientras que en otras ciudades pueden ser bautistas o pertenecientes a las Asambleas de Dios. Creo que el 50 por ciento de las iglesias en Colorado Springs son vivificantes.*

Dios. Una vez, Tim Ost (el hijo del misionero Danny Ost) y yo oramos por dos grandes edificios que habían sido construidos para la fabricación de productos de alta tecnología. Se había invertido millones de dólares en la construcción de dichos edificios. Caminamos alrededor de la propiedad orando para que el Señor "los quitara del mercado abierto en el nombre de Jesús y que solo el Espíritu Santo diera permiso para que alguien los comprara.

Cuando ungimos las puertas con aceite, debimos haber activado alguna alarma porque de repente escuchamos sirenas de policía que se aproximaban hacia nosotros.

Con mucha vergüenza debo decir que estábamos tan turbados que nos escondimos en unos matorrales antes de que la policía llegara. (Lo que debimos haber hecho es sencillamente disculparnos y explicar lo que estábamos haciendo.) Los agentes de policía revisaron el edificio y finalmente se fueron. Luego nosotros salimos de los matorrales y nos fuimos a casa también.

Aun cuando cometimos algunos errores, creo que Dios honró la intención de nuestras oraciones. Esos edificios no se vendieron durante cinco años hasta que David C. Cook, una empresa editorial cristiana, compró la propiedad. Dicha empresa derribó el más alto de los edificios y actualmente están construyendo una nueva estructura para poder extender el evangelio por medio de material impreso. Y por el beneficio de los antiguos propietarios de los edificios, desearía que hubiésemos orado por una venta *rápida*.

Inundamos a toda la ciudad con nuestras oraciones. Pero la oración no era un fin en sí misma. Yo debía preparar a la gente para el evangelismo. Esa era una parte esencial de nuestra primera prioridad -impedir que la gente de Colorado Springs fuera al infierno. Sin oración, el evangelismo no funcionaría.

Paso 2: Evangelismo unido apoyado en la oración

Cierto verano, un amigo llamado Tom Perkins, el cual tiene una concesionaria de autos junto con su padre, vino a verme con una idea que tenía. "Durante los últimos años, mi padre y yo hemos estado haciendo promociones de televisión durante la época de navidad para animar a la gente a que venga a Cristo. Nos gustaría dar el teléfono de la Iglesia Vida Nueva durante los comerciales para que la gente llame allí para que oren por ella".

"Exactamente por eso es que estamos aquí", le dije. "Si te encargas de los anuncios, nosotros pondremos consejeros telefónicos y ayudaremos a que la gente se salve. También organizaremos un equipo de oración".

El primer año que nos involucramos con ese ministerio, teníamos siete líneas telefónicas. Seis iglesias enviaron a personas que pudiesen contestar las llamadas y hacerle un seguimiento a los nuevos creyentes.

El segundo año teníamos doce líneas. Catorce iglesias ayudaron.

El tercer año teníamos veintiuna líneas y cuarenta y cinco iglesias ayudando a llevar a la gente a Cristo.

Cada vez que el anuncio salía al aire, recibíamos una abrumadora respuesta. Las líneas sonaban una tras otra hasta que todos los consejeros estaban ocupados. Entonces los metodistas, nazarenos, presbiterianos, pentecostales y hermanos de Navegantes y Compasión Internacional se sentaban allí, codo a codo, guiando a la gente a los pies del Señor.

El hambre espiritual era tan grande en nuestra ciudad que una noche, después de que las líneas estaban cerradas, recibimos un fax manuscrito en letras enormes que decía: "Abran sus líneas. Necesito ayuda espiritual ¡AHORA!"

Estábamos unidos alrededor de nuestra primera prioridad. No pedíamos dinero, no promocionábamos ninguna iglesia local en particular. Sólo les hablábamos de Jesús. Obteníamos sus direcciones para poder enviarles literatura que repetía la información sobre entregarse a Jesús y los animábamos a asistir a alguna iglesia vivificante de la ciudad.

Luego otro hombre de negocios de la localidad, Gene Bath, se ofreció voluntariamente a producir y pagar espacios radiales de treinta segundos para promover el evangelio y daba nuestros números telefónicos. Eso hizo que las líneas telefónicas sonaran también mientras no había anuncios en la televisión.

Los anuncios de televisión se transmitían los siete días de la semana desde la 5:30 de la tarde hasta la medianoche en diferentes estaciones de televisión. Durante la semana, se transmitían alrededor de 175 anuncios.

En 1986, por ejemplo, 4.932 personas llamaron. Aproximadamente 700 de ellas hicieron por primera vez su profesión de fe.

Los anuncios de televisión eran una gran idea. Pero también sé, sin lugar a dudas, que solamente tuvimos éxito gracias a que preparamos el camino con oración. Esa verdad me fue reafirmada cuando participamos en el proyecto de la película JESUS en Colorado Springs.

La misión Campus Crusade for Christ pidió a las iglesias de Colorado Springs que distribuyeran el video JESUS puerta a puerta por toda la ciudad. Nos dijeron que esperáramos que el 30 por ciento de los hogares recibieran el video, porque de cada dos videos que distribuyéramos, habría una conversión. Estas cifras fueron proyectadas de campañas anteriores del video JESUS.

La Iglesia Vida Nueva aceptó distribuir la cinta en treinta de los treinta y tres distritos de Colorado Springs. Durante la semana antes de la distribución del video, fuimos por los vecindarios repartiendo volantes

en cada casa, que hablaban sobre dicho video. Pero la
primera prioridad del volante no era el volante. Era
tocar cada puerta y orar para que el video fuese recibido
cuando comenzáramos la campaña. Yo di ciertas enseñanzas sobre las caminatas de oración. Luego oramos
por los videos y confiamos que Dios prepararía el
corazón de las personas para que recibieran las cintas
de video cuando nosotros fuésemos de casa en casa
repartiéndolos.

Más tarde, los voluntarios visitaron cada casa
cargados de cintas y decían: "Hola. Estamos distribu-
yendo el video JESUS. Es un video sobre la vida de
Jesucristo. Si desea el video, no tiene que cumplir
ningún requisito. Se lo daremos sin costo alguno siempre y cuando usted nos prometa que lo verá".

El setenta por ciento de los hogares de cada distrito
aceptó el video, en comparación al promedio nacional
del 30 por ciento. En algunos distritos, ¡el 90 por ciento
aceptó la cinta!

Tuve que levantarme un domingo por la mañana
en la iglesia y decir: "Estamos en problemas. Dios está
contestando nuestras oraciones. Necesitamos conseguir una oferta especial para comprar miles de cintas
adicionales". Ese domingo la gente dio lo suficiente
como para comprar cintas para todo el que quisiera
una.

Paso 3: Las actitudes sanas prevalecen dentro del evangelismo

Aprendimos que, con el adecuado respaldo en
oración, los esfuerzos evangelísticos llegan a ser muy
efectivos. Le dije a los demás: "Colorado Springs es la
ciudad donde la gente llega más fácilmente a los pies
de Cristo". Entonces observamos una consecuencia
sobrenatural: En medio de la oración y de la evangelización, los creyentes se enfocan automáticamente en
su primera prioridad. La oración proporciona vida, luz
espiritual y enfoca el propósito. Entonces, gracias a la

oración los esfuerzos evangelísticos son mucho más efectivos, lo cual anima al cuerpo. Como resultado, el respeto mutuo dentro del cuerpo de Cristo tiene la oportunidad de aumentar.

En este ambiente:

- Los evangélicos no predican contra los carismáticos.

- Los carismáticos respetan a los evangélicos.

- Los liberales creyentes de la Biblia están abiertos a los conservadores evangélicos y carismáticos.

- Los líderes de las iglesias grandes disfrutan genuinamente unos con otros.

- Las relaciones deterioradas se sanan y se desarrollan amistades duraderas.

Cuando entendimos que juntos podíamos hacer cosas poderosas que hubiese sido imposible hacer solos, aumentó el porcentaje de personas que asistían a las iglesias vivificantes. Este crecimiento en la iglesia no se limitó a un grupo o tradición particular dentro de la comunidad cristiana. El factor decisivo era si la iglesia se centraba sobre la vida que hay en Cristo.

Nosotros enviamos una encuesta a algunos pastores de las iglesias vivificantes de nuestra ciudad para tratar de medir el índice de crecimiento. Incluimos iglesias bautistas conservadoras, presbiterianas, carismáticas independientes, de las Asambleas de Dios, de la Iglesia del Nazareno y otras. Ellos informaron que su promedio de crecimiento desde 1985 hasta 1993 excedió el 8,5 por ciento anual. Nuestra iglesia estaba creciendo a una proporción de diez familias a la semana. Cada semana, durante un período de cuatro años, dirigíamos hasta cincuenta personas en oración, mientras hacían su oración de entrega a Jesucristo.

Por lo tanto, en este ambiente no es difícil que los creyentes fuesen respetuosos y tolerantes, tanto en palabra como en acción, hacia los demás.

- Varios pastores carismáticos dejaron de reunirse exclusivamente entre ellos para poder reunirse regularmente con los pastores evangélicos.

- Una iglesia local envió niñeras gratis para ayudar a otra iglesia local de una denominación diferente.

- Cuando el Ku Klux Klan planeó realizar un mitin en Colorado Springs, más de doscientas iglesias de Colorado Springs presentaron una serie para la escuela dominical especialmente preparada para mostrar el fundamento bíblico de la igualdad de todas las razas humanas. Los cristianos se unieron en oración, pidiendo a Dios que impidiera que el mitin de KKK fuese un problema en nuestra ciudad. Nadie fue al mitin. La ciudad permaneció tranquila.

Paso 4: Consecuencia natural: Cambio en la sociedad

Para evaluar la efectividad de nuestros esfuerzos en la oración, en el evangelismo y en el crecimiento de la iglesia, observamos en la sociedad secular para ver si estábamos causando algún impacto. Necesitábamos saber si la gente que estaba fuera de nuestros grupos estaba siendo afectada de alguna manera. Después de todo, ¿qué beneficio habría si estábamos haciendo actividades "cristianas" maravillosas que nos impresionaban a nosotros pero que no eran de importancia para la comunidad cristiana y no generaban interés alguno en el evangelio? Llegamos a la conclusión que:

1. Si nuestras oraciones eran realmente efectivas, las iglesias vivificantes crecerían gracias al aumento de conversiones.

2. Si en nuestra ciudad estaba ocurriendo un crecimiento masivo de conversiones genui-

nas, habría un cambio cuantificable en la sociedad.

Estos indicadores de la sociedad difieren de ciudad en ciudad. Pero debemos evaluar nuestra efectividad por medio de indicadores de nuestra sociedad en general en vez de hacerlo con indicadores que estén exclusivamente dentro de nuestras propias iglesias (2 Cor. 10:12). Para nosotros, reconocíamos un cambio en la sociedad cuando había:

1. Más ministerios cristianos mudándose a la ciudad.

2. Disminución del índice de criminalidad.

3. Fuerte disminución de la actividad de círculos satanistas.

1. Más ministerios cristianos mudándose a la ciudad

A medida que los cristianos oraban y trabajaban juntos, la comisión de desarrollo económico de nuestra ciudad solicitó que se mudaran a Colorado Springs más ministerios cristianos. Los ministerios cristianos "paraeclesiásticos" son organizaciones con una visión extensiva que trabajan más allá del nivel local. Después que los líderes de estos ministerios oraron, sentían que Dios los estaba dirigiendo hacia Colorado Springs, también se animaban a venir gracias a las saludables relaciones entre las iglesias y las actitudes positivas de los creyentes.

Desde 1989 hasta 1994, el número de ministerios cristianos "paraeclesiásticos" se triplicó en nuestra ciudad. El diario *Washington Post* dijo que la cifra era de cincuenta y cuatro, describiendo el impacto como casi equivalente a lo que el "cabildeo es para Washington".[1] El número de estaciones de radio aumentó de dos a seis. Ministerios como Enfoque a la Familia –de James Dobson, Cruzada Ultramarina, Más Allá del 2000 y Cada Hogar Para Cristo se unieron a los ministerios que ya estaban en el área de Colorado Springs. Entre estos últimos se encontraban la Sociedad Internacional de la

Biblia, la sede mundial de la Alianza Cristiana y Misionera, Vida Joven, los Navegantes y Compasión Internacional.

Estos, junto con docenas de ministerios más pequeños, comenzaron a transformar a Colorado Springs de una ciudad conservadora a "El Vaticano del Cristianismo Evangélico" y "El Wheaton del Oeste". Estos ministerios creían en la Biblia como la Palabra de Dios y en el ministerio del Espíritu Santo.

Al igual que las iglesias locales, algunos de ellos, como Compasión Internacional, Enfoque a la Familia y la Sociedad Internacional de la Biblia. Crecieron fenomenalmente de 1989 a 1994. Incluso entre los ministerios que no crecieron dramáticamente, había una sensación de optimismo por causa de lo que estaba sucediendo en la comunidad.

El aumento de la cantidad de ministerios cristianos en la ciudad fue positivo para las iglesias locales también. Colorado Springs tiene en la actualidad uno de los más grandes capítulos de la Asociación de Gerencia Cristiana y un capítulo muy activo de la Asociación Nacional de Evangélicos. La influencia de las organizaciones cristianas "para-eclesiásticas" ha forzado a los que estamos en las locales a mantener una amplia perspectiva del ministerio y a mantener nuestra primera prioridad siempre por delante.

Nuestra iglesia estaba cambiando de forma cuantificable.

2. Disminución del índice de criminalidad

Hay dos razones principales por las cuales el índice de criminalidad es un buen indicador del cambio en la sociedad. Primero, los cristianos no deben estar involucrados en la actividad criminal porque la Biblia nos manda a someternos a los que están en autoridad (Romanos 13:1-3). Si en cierta área aumentan los cristianos, el crimen debe disminuir porque hay menos gente propensa a cometerlo.

Segundo, en el reino espiritual, los demonios tientan constantemente a la gente a pecar, incluyendo el tomar parte en actividades criminales. Algunos crímenes son cometidos por personas que están bajo el control de espíritus malignos. Cuando los cristianos oran por toda la gente de una ciudad, sus oraciones inhiben la influencia de dichos espíritus hacia el crimen.

El Cuadro 1 muestra el cambio que hubo en el índice de criminalidad en Colorado Springs desde 1980 hasta 1993.

Antes de 1985, el índice de criminalidad subía y bajaba. Pero después que la gente se organizó en oraciones sistemáticas por la ciudad en 1985 y 1986, el índice de criminalidad descendió de manera constante durante siete años.

Aun cuando hay excepciones a esta tendencia (por ejemplo, otras estadísticas muestran que el número de asesinatos ha aumentado ligeramente a lo largo de los años a medida que nuestra población crece), las contribuciones positivas a la atmósfera de la ciudad son notables.

En 1994, el vocero de la policía Rich Resling dijo al diario *Gazette Telegraph* de Colorado Springs que el crimen en la ciudad había descendido a un nivel que la convertía en una de la ciudades, de ese tamaño, más seguras de la nación.[2]

Sé que los cristianos no pueden recibir todo el mérito por el cambio ocurrido, porque hay muchas otras influencias positivas que contribuyeron. Pero no creo que hubiese sucedido el cambio *sin* oración, *sin* evangelismo y *sin* nuevos convertidos.

3. Disminución de la actividad satánica

Durante este mismo período de tiempo, nuestros equipos de oración informaron de una gran disminución de la actividad satánica. Pudimos confirmar esta información a través de los nuevos convertidos que habían estado involucrados en el ocultismo. En los

Cuadro 1

Indices de criminalidad de 1980 a 1993*
Colorado Springs, Colorado

Año	Número de crímenes	Población†	Indice de criminalidad‡
1980	16.910	214.821	79
1981	18.837	226.230	83
1982	18.453	229.770	80
1983	18.096	236.760	76
1984	17.918	241.270	74
1985	21.835	253.300	86
1986	22.833	265.700	86
1987	22.826	269.500	85
1988	22.174	273.000	81
1989	21.553	275.500	78
1990	21.017	281.140	75
1991	21.444	285.350	75
1992	20.194	290.977	69
1993	19.609	299.343	66

* El índice de criminalidad es un indicador clave del nivel de crimen en una ciudad. Los crímenes pertenecientes a estos datos estadísticos son homicidio, violación, atraco, robo a mano armada, ratería, hurto y robo de vehículos. (El homicidio culposo no está incluido en el índice de criminalidad del FBI.) Estos datos provienen de los informes estadísticos anuales del Departamento de Policía de Colorado Springs desde 1980 a 1993.

† Los datos de población fueron obtenidos de la oficina de planificación, desarrollo y finanzas de Colorado Springs.

‡ El índice de criminalidad es el número de crímenes por cada mil personas.

primeros días de la iglesia, los nuevos convertidos describían una creciente comunidad de ocultismo con miles de participantes. Pero en los años noventa, la gente nos contaba que los círculos satánicos estaban menguando hasta llegar a un máximo de cinco de ellos y que quedaba muy poca gente en los mismos.

Además, escuchábamos que cada vez había menos mutilaciones de ganado. Anteriormente, los reportes de mutilaciones llegaban con una frecuencia sorprendente. Desde 1971 hasta 1985 hubo más de diez mil reportes de mutilaciones en Colorado y otros ocho estados del oeste.[3] Cuando me reunía con los otros pastores, cada vez oía menos discusiones sobre iglesias que eran estropeadas con escritos satánicos en sus paredes o sobre pastores que recibían llamadas telefónicas hostiles.

Nuevos frentes de batalla

En las iglesias de la ciudad, las familias eran restauradas, ocurrían dramáticas liberaciones y cientos de personas estaban llegando a Cristo. Las personas que estaban desempleadas o subempleadas hallaban nuevas y mejores oportunidades. Muchas parejas estaban experimentando una renovación de sus relaciones.

El consejo de desarrollo económico de nuestra ciudad continuó animando a los ministerios cristianos para que se mudaran a la ciudad porque ellos veían los efectos positivos. Todo parecía ir bien, hasta...

Permaneciendo
Firmes

Los derechos de los homosexuales se convirtió en el tema de discusión más candente en Colorado Springs en el otoño de 1990. La comisión de la relaciones humanas de la ciudad propuso agregar la conducta sexual a la lista de criterios que la gente podía usar en un juicio de discriminación ilegal.

La respuesta de la comunidad fue rápida y visible. Cientos de cristianos, junto con otra gente, aparecieron en el concejo municipal para expresar su convicción de que no se debería dar una protección legal especial solo por causa de sus actividades sexuales. Gracias a esa protesta pública, el concejo municipal rechazó, a principios del año 1991, la recomendación de la comisión de las relaciones humanas.

La Enmienda 2

Mucha gente estaba complacida con la decisión del concejo municipal, pero muchos se preguntaban si el asunto de la conducta sexual surgiría de nuevo. Fue entonces cuando un grupo de cristianos de Colorado Springs formaron "Colorado a favor de los Valores Familiares". Ellos se describían como un grupo político que desafiaba el fomento de la homosexualidad en las agencias gubernamentales y en los institutos educativos.

Colorado a favor de los Valores Familiares escribió lo que llegó a conocerse como la Enmienda 2 de la constitución de Colorado. Esta prohibía las demandas por discriminación basada en la conducta sexual.

De todas partes llegaban fundamentos en contra de la enmienda. Había grupos ministeriales que hablaban en contra de ella y la iglesia liberal, la cual acepta el matrimonio entre los homosexuales, publicó anuncios que hacían recordar a la gente el holocausto y los incitaba a votar en contra de la Enmienda 2. La mayoría de los diarios estaban en contra de ella, y los mercados de televisión en Denver y Boulder no permitían que se hiciera publicidad a favor de la Enmienda 2 en sus estaciones. La región Denver/Boulder, la cual incluye el 70 por ciento de la población del estado, se oponía fuertemente a la Enmienda.

En pocas palabras, ni los liberales ni los conservadores esperaban que la Enmienda 2 fuese aprobada. Pero sí lo fue.

- El 53,4 por ciento de los votantes apoyaron la Enmienda.

- 48 condados la aprobaron y sólo quince condados la rechazaron.

- Trece condados la aprobaron con un porcentaje aun mayor del que se registró en El Paso (donde se encuentra Colorado Springs).

- El condado El Paso la aprobó con el 65 por ciento de los votos.[1]

Estos resultados sorprendieron a ambos bandos, pero reflejaban el apoyo de la mayoría hacia la Enmienda. El condado que la apoyó con el mayor porcentaje de votos fue Kiowa, el cual está compuesto predominantemente por granjeros anglodescendientes, hispanos y nativos americanos. Los que se oponían a la Enmienda 2, nunca pensaron que habría un apoyo tan amplio de la ciudadanía.

Estoy seguro que los que querían desacreditar la enmienda se dieron cuenta que nunca podrían acabar con ella si los que más la apoyaban eran los granjeros, la gente de los pueblos montañeses y los ciudadanos comunes. Ellos necesitaban un villano, así que vetaron al villano: el "manipulador", "bien financiado", "bien organizado", y "engañoso" derecho religioso de Colorado Springs.

El tortuoso plan político era claro: Ellos reclamaban que los cristianos de Colorado Springs estaban creando odio y división en el estado. Un vocero de la organización People for the American Way le dijo a un reportero del noticiero de la noche de la cadena NBC, lo siguiente: "Los grupos evangélicos de Colorado Springs están trabajando para negar a los inocentes ciudadanos sus derechos civiles. Son unos detestables fanáticos que no quedarán satisfechos hasta conseguir sus metas políticas".

Pero al reportero le fue muy difícil conseguir evidencias que mostraran a los cristianos como personas detestables. Después de mostrar las declaraciones del vocero, mostró un atestado servicio de la Iglesia Vida Nueva y dijo: "Hemos hallado que esto no es cierto. Por el contrario, los evangélicos de Colorado Springs parecen estar muy satisfechos con llevar nuevos convertidos a Cristo". Luego el reportaje me mostraba a mí dirigiendo una gran parte de la oración de conversión.

Pero para los estrategas políticos liberales, los hechos parecían ser irrelevantes. "Después de todo", decían ellos, "la gente buena no habría votado por la Enmienda 2 si las iglesias conservadoras radicales como la Iglesia Vida Nueva y los ministerios como Enfoque a la Familia no se hubieran aprovechado de ellos". Incluso nuestro gobernador marchó con cientos de personas en Denver protestando por lo que ellos percibían como las tinieblas que salían de Colorado Springs.

Respuesta política al cambio en la sociedad

Durante la controversia de la Enmienda 2, yo recibía llamadas de muchas de las principales organizaciones noticiosas: *Los Angeles Times*, el "Noticiero ABC de la Noche" de Bill Moyers, *Time, New York Times, Chicago Tribune*, "Noticias Nocturnas de NBC", British Broadcasting Corporation, *The Denver Post*, International News Network, *Washington Post* y *National Public Radio*.

Un reportero de la Bristish Broadcasting Corporation se reunió conmigo en mi oficina.

"¿Dónde se reúne su organización de acción política?" me preguntó.

Le dije que nosotros no teníamos ninguna organización política en nuestra iglesia.

El miró con perplejidad y un tanto decepcionado, pero luego preguntó de nuevo: "¿Quién organiza la intervención política en la iglesia?"

Le dije que nadie porque la Iglesia Vida Nueva no tenía ninguna intervención política.

Entonces fue cuando llegó al punto. "¿Cuál es la posición de la iglesia en relación a la Enmienda 2?"

Le dije que la iglesia era apolítica y que no tenía ninguna posición. "Supongo que algunas personas de la iglesia están a favor y otras en contra".

Entonces intentó una nueva estrategia. "Reverendo Haggard", dijo, "¿Cuál es la posición de la Biblia en relación a la homosexualidad?"

Le respondí esta pregunta, sabiendo que probablemente manipularía mi explicación de la posición de la Biblia para hacer ver que esa era la posición política de la iglesia. Pero yo seguí hablando acerca del gran plan de Dios para nuestra vida y que dicho plan es para todos nosotros, aun cuando a veces perdemos lo mejor que El quiere darnos. Lo mejor del caso es que ¡él publicó esa información! A pesar de que el mundo estaba muy preocupado por la intervención de los cristianos en la política, su atención nos estaba dando la oportunidad de explicar el evangelio de manera gentil.

Toda la controversia política surgió de sorpresa. De todo lo que yo había leído sobre avivamiento, en ninguna parte decía algo sobre una reacción política ante el crecimiento del cuerpo de Cristo. Pero cuando uno analiza la cuestión, cuando hay grandes cantidades de personas que llegan a tener encuentros positivos con el Señor, ello afecta la manera en que esa gente se involucra en sus comunidades.

Por ejemplo, con frecuencia vemos que personas que están atravesando por situaciones difíciles llegan al Señor y su vida cambia. Ese cambio en su corazón también produce un cambio en la forma en que ellos se relacionan con sus familias, con sus trabajos y con el gobierno.

A menudo recibo cartas entusiastas como esta:

Querido pastor Ted:

Debo decirle lo que me ha pasado durante este último año desde que conocí al Señor en Vida Nueva.

Antes de conocer a Cristo, mi vida estaba completamente fuera de control. Mi esposa estaba resentida conmigo, mis hijos me tenían miedo y yo me despreciaba a mí mismo. No le contaré la clase de cosas horribles que yo hacía porque ahora soy muy diferente. Antes no podía mantener un empleo, sostener mi hogar y ni siquiera me preocupaba por lo que pensaran los demás. Pero, gracias a Jesús, mi vida ha cambiado. Ahora estoy involucrado en las actividades de la escuela donde asisten mis hijos, ya tengo nueve meses en mi actual empleo y disfruto de mi tiempo libre con mi familia en la casa y en la iglesia. Gracias a Dios por el nuevo "yo".

Bill

Aun cuando yo no tenía la intención de cambiar la forma en que Bill se relacionara políticamente con el gobierno, el encuentro que él tuvo en Vida Nueva probablemente afectó su nivel de involucrarse en la política. Por ejemplo, su renovado interés por sus hijos lo pudo haber llevado a hablar al consejo directivo de la escuela acerca del pensum de estudios. Además, como trabajador que recibe un salario, hay más probabilidades de que ahora se interese más en la manera en que el gobierno gasta e impone impuesto al dinero que él produce.

Creo que cientos de personas como Bill son las que han influido en el clima espiritual de Colorado Springs. Gracias a nuestro énfasis en nuestra primera prioridad, hemos experimentado un cambio natural en el paisaje político.

Durante poco tiempo, parecía que la comunidad cristiana estaría exenta, pero luego se intensificó el proceso de culpar a los cristianos.

Celebrar la diversidad

Las grandes redes noticiosas y de publicaciones comenzaron a mostrar fotos y videos de grandes masas de personas asistiendo a los servicios en Vida Nueva y en otras iglesias para demostrar que teníamos suficiente influencia para negar a otros sus libertades civiles. Aun cuando ni yo ni la Iglesia Vida Nueva habíamos participado en el debate de la Enmienda 2, los medios no vacilaron en usar el volumen de nuestra membresía como una ilustración del poder "político" de nuestra comunidad religiosa.

Incluso las reuniones meramente espirituales perdieron su pureza ante los ojos de algunos sectores de la comunidad. Los esfuerzos para llevar el evangelio y tratar de llevar a la gente a Cristo eran vinculados con un posición política particular. Se hacía difícil llevar el evangelio. La iglesia no era solo la iglesia. Era la derecha o la izquierda religiosa en la mente del ciudadano común.

Por causa de que la gente se hizo tan sensible a todo lo que hacían los cristianos, muchos incidentes que hubiesen sido manejados de manera rutinaria antes de la Enmienda 2 se convirtieron en objeto de análisis y discusión por parte de toda la comunidad.

- Un agente de policía fue reprendido públicamente por entregar un tratado a una mujer en horas de servicio.

- Una mujer que enviaba a su hijo a la iglesia por medio de un ministerio que funciona en un autobús, demandó a la iglesia porque no le notificaron antes de bautizar a su hijo.

- Se creó un grupo de derechos civiles, llamado Proyecto Ciudadano, para monitorear las actividades de los evangélicos en los locales públicos.

- Una maestra de escuela fue degradada, disciplinada y reasignada por mostrar una película donde aparecía un aborto a sus alumnos de octavo grado durante una clase de educación sexual. Ella había mostrado la misma película en sus clases durante los dos años anteriores.[2]

- La Fundación El Pomar, una organización que trabaja para estimular el crecimiento económico de Colorado Springs, anunció que por razones políticas no darían ayudas adicionales a grupos cristianos. Anteriormente habían otorgado 4 millones de dólares al ministerio Enfoque a la Familia para ayudar a que se mudaran a Colorado Springs.

- Colorado Springs fue identificado como "ground zero" (punto en el terreno directamente encima o debajo de una explosión atómica) por parte de varios grupos a favor de los derechos de los homosexuales, por causa de la fuerte influencia cristiana. Ellos veían al cristianismo como una posición política determinada. Como resultado, se formó un grupo de vigilantes llamado *Ground Zero* en Colorado Springs y comenzaron a publicar un diario llamado *The Ground Zero News*.

- Los cristianos que querían trabajar como voluntarios en las escuelas públicas donde asistían sus hijos, eran vistos con cierto recelo y algunas veces eran ridiculizados.

- Si algún ciudadano que se postulaba para algún cargo público se identificaba como cristiano o incluso asistía a una iglesia evangélica, era etiquetado como un candidato furtivo del derecho religioso.

- El consejo de desarrollo económico dejó de incentivar a los ministerios cristianos a que se mudaran a Colorado Springs.

Como resultado, la renovación misma que Dios había dado por Su gracia a nuestra ciudad fue manipulada hasta hacerla ver como una herramienta política anti-cristiana.

Una vez más, hallamos al hombre fuerte en Colorado tratando de intimidar y controlar al cuerpo de Cristo, pero esta vez no nos confrontó a nosotros directamente a través de un ataque demoníaco. En lugar de ello, él trabajó para villanizar la iglesia, al cristiano, al evangelio y otras ideas relacionadas. Pero esta nueva táctica también falló.

Los ministerios dentro las iglesias y fuera de ellas continuaron creciendo.

Los grupos cristianos continuaron mudándose a Colorado Springs.

Los equipos de oración continuaron haciendo caminatas de oración por las calles y siguieron surgiendo nuevas congregaciones, mientras que las viejas iglesias vivificantes continuaron creciendo.

¿Cómo?

Mantuvimos nuestra atención en nuestra primera prioridad.

Reconocemos que las situaciones políticas fueron importantes, pero temporalmente. Pero nuestra primera prioridad no solo era importante, sino eterna.

Yo creo que, como ciudadanos responsables, los cristianos deben involucrarse en los asuntos políticos. A pesar de que estaremos divididos en la mayoría de los asuntos, habrá veces en que permaneceremos unidos. Ganaremos algunas batallas y perderemos otras. Pero la batalla que no debe perderse es la lucha eterna para librar a los individuos espiritualmente, lo cual servirá de inspiración para toda la comunidad. En medio de cualquier situación política, debemos permanecer firmes y mantener nuestra visión en nuestra primera prioridad: impedir que la gente de nuestra ciudad vaya al infierno.

Cinco años después del asunto de los derechos de los homosexuales se hizo tan prominente Colorado Springs, que la ciudad todavía es reconocida como una ciudad con una fuerte influencia cristiana.[3] A pesar de que los grupos vigilantes todavía están activos, la actitud de la comunidad hacia los cristianos está regresando a lo que era antes que surgiera el problema. Hemos aprendido la lección que si nosotros, como cristianos, somos respetuosos y abiertos hacia todas las personas y al mismo tiempo nos concentramos en nuestra primera prioridad, el mensaje del evangelio puede ser comunicado sin que otros asuntos obstaculicen el camino.

Creo que las iglesias y la comunidad cristiana lograron vencer la tormenta, porque reconocimos que el propósito de que nosotros estuviésemos en Colorado Springs no era político, sino espiritual.

Y por cuanto los propósitos espirituales son tan importantes, nos vimos forzados a descubrir una inusual combinación de principios y estilos de vida que continúan facilitando el avance del evangelio en nuestra ciudad. Hasta donde sé, estos principios fueron expresados por primera vez cuando me pidieron que hablara ante algunos líderes cristianos durante un retiro que hicimos en nuestra Asociación de Evangélicos a nivel local.

Los Cinco Principios Prioritarios

Cuatro

Enfocarse en los Absolutos de las Escrituras

(El primero de los cinco principios)

Iba de camino a la reunión sin haber tenido siquiera la oportunidad de preparar lo que iba a decir. Mi amigo Jim Tomberlin, pastor de la iglesia Woodman Valley Chapel, me pidió que hablara durante el retiro de nuestra Asociación de Evangélicos ante algunos líderes cristianos de Colorado Springs. El quería que yo diera a los nuevos miembros un resumen general de lo que había sido en los últimos años.

Mientras pensaba lo que iba a decir, vinieron a mi mente varias personas maravillosas.

Pensé en R. G. Dunbar, quien había estado orando por un avivamiento en Colorado Springs durante treinta años, y en los muchos grupos de Mujeres Aglow y en los grupos de estudio bíblico Navegantes. Pensé en Richard Douglas y Don Steiger, quien había utilizado su influencia edificando relaciones sanas, y Bernie Kuiper y Billy Long, quienes habían permanecido firmes por la causa de Cristo en medio de la adversidad. También estaban mujeres como Pat Litchy y Julia Ramírez, quienes habían orado y servido al cuerpo de Cristo por años. Docenas, por no decir cientos, de individuos habían estado orando para que Dios hiciera un milagro en Colorado Springs, y ahora ese milagro había llegado.

Mientras conducía al sitio donde se realizaba el retiro, pensé en principios específicos que todos habíamos creído y practicado y que estaban produciendo el cambio en nuestra ciudad.

El primer pensamiento que vino a mi mente era que nosotros nos enfocábamos en los absolutos de las Escrituras. Dejamos de mirar nuestras diferencias y comenzamos a trabajar en los aspectos en que éramos iguales.

Segundo, pensé que tanto los líderes como los individuos cristianos estaban decididos a promover a Cristo y Su Palabra, por encima de su iglesia en particular y en su manera de hacer las cosas. Eso fue un resultado de enfocarnos y concentrarnos en los absolutos.

Algunas personas anhelaban que el reino de Dios creciera en nuestra ciudad. Ellos apoyaban a todo el que comunicaba el evangelio. Pude imaginarme un gráfico que mostraba la actividad del Espíritu Santo en la ciudad aumentando más y más gracias a sus oraciones. Así que escribí un tercer principio: orar para aumentar el nivel de las aguas de la actividad del Espíritu Santo en toda la ciudad.

Llegué al centro de retiro y cuando estaba a punto de salir de mi auto, me impresionó la escena que veía frente a mí. Pastores y líderes de ministerios de todas clases estaban reunidos de pie en pequeños grupos conversando y riendo. Algunos grupos iban por caminos de tierra bromeando, saludando a los nuevos con abrazos y sonrisas, y dirigiéndose a los respectivos edificios.

¿Cómo pueden ellos hacer esto? Pensé. Ellos adoran de manera diferente, asisten a diferentes iglesias y muchas veces tienen puntos de vista diferentes en relación a la Palabra.

Entonces escribí el cuarto principio. Respetar las interpretaciones aceptadas que los demás dan a las Escrituras. Las llamo "interpretaciones aceptadas" porque no se trata de tolerar las herejías, sino las interpretaciones que, aunque no las compartamos, se ajustan a lo que los cristianos en general creemos. Incluso, muchas veces otras interpretaciones son bienvenidas. Yo sabía que estos hombres reconocían que algunos creyentes aceptaban varias interpretaciones que otros rechazaban.

Cuando finalmente salí del auto y fui a registrarme, escuché a un hombre que estaba presentando a un colega a uno de los nuevos pastores de la ciudad.

"Permíteme presentarte a Steve Todd", dijo. "Tiene un gran corazón para orar por el éxito de otros pastores. Sé que vas a disfrutar haberle conocido. El es una bendición".

Me senté y escribí el quinto principio: Apoyarse mutuamente en palabras y hechos.

Desde entonces, he estado hablando de estos principios. Son sencillos. Son prácticos. Y han sido probados.

¿Cuál es la esencia?

Los cristianos aceptan los mismos absolutos esenciales. Todos estamos de acuerdo en que Jesús de Nazaret es el Mesías y que fue encarnado para deshacer las obras del diablo (1 Juan 3:8). Sabemos que por medio de El tenemos acceso al Padre y, por lo tanto, vida eterna (Efesios 2:18). Además, todos creemos que la Biblia es la principal fuente de información sobre Dios, y es el patrón que utilizamos para juzgar tanto las experiencias como las enseñanzas espirituales (2 Timoteo 3:16).

En otras palabras, creemos que Jesucristo es la verdad. El es el hecho que toda la humanidad tiene que enfrentar. También creemos que la Biblia es la expresión escrita de los absolutos.

Los absolutos no están sujetos a las convicciones personales, a las tendencias culturales ni tampoco a los sentimientos. Son los mismos en cualquier época y en cualquier sociedad. Las personas entregan su vida a Jesús hoy en día de la misma manera en que lo hacían hace mil años: Llegan a El en humildad y sumisión, dan la espalda al mundo y confiesan el señorío de EL. Por eso es que el principio N° 1 es enfocarse en los absolutos de la Biblia. Cuando nos enfocamos en los absolutos, estamos de acuerdo.

Observe la ilustración N° 1. Todo lo que nosotros como cristianos creemos está incluido en una de las cuatro áreas descritas.

En el centro están los absolutos, los fundamentos inalterables de la fe.

El siguiente círculo son las interpretaciones. Una interpretación es una explicación y una aplicación de las Escrituras. Generalmente estamos interpretando cuando leemos un pasaje y luego decimos: "lo que esto significa es..."

Luego están las deducciones. Las deducciones surgen de leer varios pasajes de la Palabra y sacar conclusiones.

Finalmente, están las opiniones subjetivas, las cuales son la preferencias personales, tales como cuánto debe durar un servicio en la iglesia o qué estilo de cantos debemos utilizar. Algunas veces, estas opiniones llegan a extremos ridículos. Por ejemplo, conozco una iglesia que se dividió por causa de que unos estaban en contra y otros a favor de colocar un perchero para

Ilustración 1

Diagrama del sistema de creencias de un individuo

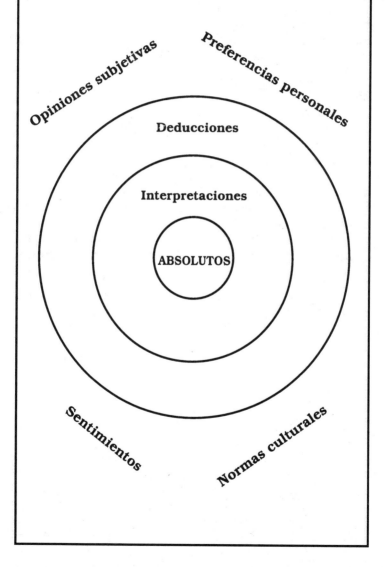

sombreros en la entrada. Durante una reunión en otra iglesia, la esposa de un pastor abofeteó a la esposa de un diácono al discutir sobre la necesidad de unas canales de tejado afuera del local.

Todos coincidimos en los absolutos. Pero las interpretaciones, deducciones y opiniones subjetivas nos dividen. Es cierto que siempre tendremos interpretaciones, deducciones y opiniones subjetivas. Pero estaremos cometiendo un grave error si no los separamos de acuerdo a su importancia.

Por ejemplo, todos los cristianos creemos en la importancia del Espíritu Santo, pero algunos prefieren hablar sobre el "bautismo del Espíritu Santo", mientras que otros prefieren la idea de "ser llenos del Espíritu Santo." Otros hablan de "ser controlados por el Espíritu Santo", mientras que hay a quienes le gusta más la "comunión con el Espíritu Santo". Todos estamos de acuerdo en relación a la absoluta necesidad del ministerio del Espíritu Santo; pero por causa de las diferentes interpretaciones, deducciones y opiniones subjetivas sobre versículos de la Palabra que se refieren al Espíritu Santo, hacemos un énfasis diferente de Su ministerio.

Aun cuando creemos los mismos absolutos, diferimos en las interpretaciones. Por esa razón es que hay cristianos que no creen que existe un fundamento bíblico para la operación del don de lenguas o el don de profecía en esta generación (cesacionistas). Así como también hay cristianos que creen que todos los dones tienen el potencial para la plena expresión en la iglesia hoy en día tal como en la iglesia primitiva (pentecostales, carismáticos).

Absolutos confundidos con otras creencias

Una vez oí a un pastor enseñar que los cristianos serían llevados en un rapto silencioso y disfrutarían de las bodas del Cordero por siete años mientras que los que quedasen en la tierra sufrirían una persecución horrible. Luego, al final de los siete años, Jesús y los cristianos raptados aparecerían en el cielo por el Este, regresando victoriosos para comenzar el milenio. Lo que me asombró fue la forma en que terminó su sermón. Dijo lo siguiente: "Si no sucede de esta manera, entonces Jesucristo no es el Señor".

Este hermano estaba dando por sentado que esta deducción era un absoluto.

Puede que los eventos del regreso de Cristo sucedan tal como lo predicen los que aceptan la teología del rapto antes de la tribulación. Pero, sin importar si ocurren exactamente así o no, Jesucristo siempre será el Señor.

La mayor parte de la teología de los últimos tiempos es una deducción.

El señorío de Jesucristo es un absoluto.

Pero por cuanto este hermano no estableció la distinción en su propia mente, los que recibían enseñanzas de él probablemente tampoco harían ese contraste en su mente. Si no se hace esta aclaratoria, este pastor y sus estudiantes pueden concluir razonablemente que si alguien no cree en la escatología de la pretribulación, ese alguien no es un cristiano bíblico. Sería un error terrible porque ellos no podrían identificar al cuerpo de Cristo en sus propias comunidades o en el mundo. Si los cristianos no nos podemos identificar entre nosotros mismos, se hace muy difícil saber si estamos expandiendo el reino de Dios efectivamente o no.

Así que no debemos confundir lo que la Biblia realmente dice con lo que nosotros creemos que significa por causa de que nuestra cultura y nuestras opiniones subjetivas afectan nuestra forma de pensar.

Hace dos años, mientras estaba yo en Moscú, conocí a unos cristianos que creían que el hecho de utilizar una corbata era un acto impío y pecaminoso. Lo creían con tal firmeza que pensaban que ningún cristiano genuino podía jamás usar una porque ellas apuntan hacia el infierno. Yo pensé que eso era algo ridículo y meramente cultural y me sentí orgulloso de que nosotros en occidente fuésemos muchos más racionales, hasta que oí a un pastor hablando de lo significativo que era el campanario de su iglesia "porque apuntaba hacia el cielo". Su lógica era idéntica a la de los hermanos en Moscú. Ambos valoraban sus posiciones puramente culturales.

Estamos destruyendo nuestro potencial para producir un impacto en el clima espiritual de nuestra ciudad al resaltar nuestras diferencias en los asuntos que no son esenciales. Estos nos dividen innecesariamente. Predicamos muy vigorosamente sobre interpretaciones, pero a veces no entendemos que nuestra mayor fortaleza está en los absolutos. Cuando nosotros los creyentes comenzamos a compararnos sobre una base de interpretaciones en vez de absolutos, nuestra influencia se debilita.

Aun cuando ciertas cosas no esenciales tienen su importancia, nunca se deben convertir en la fuente de nuestra identidad. Nuestra identidad como cristianos debe estar basada de manera consciente en la esencia absoluta de nuestra fe: Jesucristo y Su Palabra, la Biblia.

Si alguien considera a una interpretación como un absoluto, esa persona tendrá una crisis de fe cuando una de sus interpretaciones sea desafiada o cuando sea probada como falsa.

Hace poco tiempo, conocí a una pareja que tenía un amigo que les dijo que la única manera de ser salvo era a través de la antigua traducción King James de la Biblia. Ellos se alarmaron porque en nuestra iglesia utilizamos la Nueva Versión Internacional , la cual no es en realidad la Biblia, según les dijeron.

Les dibujé los tres círculos en un pizarrón y coloqué sus diferentes motivos de preocupación en los círculos apropiados. Cuando ellos vieron que los asuntos referentes a la salvación estaban en el círculo de los absolutos y que las opiniones de sus amigos sobre la antigua traducción King James caían en el área de las opiniones subjetivas y normas culturales, ellos comprendieron. Se aliviaron sus temores. Obviamente, su amigo estaba cometiendo un terrible error al considerar una preferencia cultural como un absoluto.

¿Los perros van a cielo?

Cuando yo estaba en la secundaria, mi hermana menor, Mary Lois, tenía un perro que murió. Me dieron la tarea de cavar la fosa y dirigir un servicio funerario familiar para el perro.

Después del hermoso funeral, aún con lágrimas en sus ojos, mi linda hermanita me preguntó si algún día ella vería a su perro en el cielo. Le expliqué que los perros no van al cielo porque ellos no tienen espíritu y, por lo tanto, no pueden recibir vida eterna como los seres humanos. Así que le dije que su perro se había ido para siempre, que se convertiría en polvo y que nunca más lo vería.

Ella comenzó a sollozar con fuerza y corrió hacia la casa. Como consecuencia de ello, mi papá me dio la única tunda que recibí durante mi adolescencia. Mientras aún me dolía, me di cuenta que en realidad nadie sabía con certeza si los perros van al cielo o no. Quizás esas preguntas no deberían ser respondidas en la misma forma que las preguntas sobre el señorío de Cristo y la integridad de la Palabra de Dios. Creo que los pastores pueden y deben predicar más solamente en los absolutos, pero las congregaciones necesitan entender lo que ellos están haciendo.

Cuando yo predico sobre un absoluto, digo: "La Biblia dice..."

Cuando hablo sobre una interpretación, digo: "Creo que esto significa..." o "Muchos estudiosos de la Biblia creen..."

Si estoy enseñando una deducción, generalmente digo algo como, "De estos versículos de la Palabra, podemos concluir..."

Cuando la congregación escucha estas distinciones, se dan cuenta de que el cuerpo de Cristo somos todos los que creemos las mismas verdades absolutas, aun cuando los individuos podemos diferir en nuestras interpretaciones o deducciones.

Pero si la gente aprende que los únicos cristianos verdaderos son aquellos que comparten sus mismas interpretaciones y deducciones, entonces deben excluir de su compañerismo cristiano a casi todo el mundo. No solo no tendrán comunión con otras iglesias, sino que probablemente tampoco podrán hablar con la mayoría de la gente en sus propias iglesias.

Debemos resistir la tentación de enseñar e incluso implicar que nuestras deducciones tienen la misma importancia que los absolutos. Por supuesto que me doy cuenta que nadie enseña un material sabiendo que es falso. Pero no conozco a nadie que, al reflexionar acerca de sus propias opiniones de diez años atrás, esté completamente de acuerdo con todo lo que creía, a excepción, por supuesto, de los absolutos.

Valores subjetivos

¿Qué papel juegan los valores subjetivos? Desafortunadamente, la mayoría de la gente usa valores subjetivos para elegir la iglesia donde asiste. Eso es aceptable siempre y cuando la iglesia esté fundamentada en los absolutos. Sospecho que aun cuando algunas personas pueden decir que el Señor los llevó a determinada iglesia, a menudo se trata de si se siente bien en el entorno cultural que una iglesia les presenta. En algunos casos, han llegado a creer que determinado entorno es "donde está Dios" por causa de sus expectativas culturales.

La iglesia que yo pastoreo tiene su propia cultura. Siento como si fuese un centro de convenciones internacionales. Allí asiste toda clase de personas, desde los que llevan pantalones cortos y sandalias hasta los que llevan trajes y vestidos muy costosos. En nuestra congregación están representados muchos grupos económicos, educativos y étnicos. No hay galería para el coro, campanario ni vitrales.

Algunas personas se sienten a gusto en la Iglesia Vida Nueva, mientras que otros se sienten más a gusto en un ambiente más tradicional.

Todos nosotros tenemos un modelo cultural que usamos como patrón a la hora de adorar o recibir la Palabra como cristianos. Estos modelos culturales no necesariamente son bíblicos o contrarios a la Biblia, son sencillamente culturales. No son ni buenos ni malos, siempre y cuando no pongamos nuestros patrones culturales cristianos como parte de la esencia de nuestra fe.

El cielo es nuestro hogar y la tierra el sitio de nuestra misión. De modo que debemos estar dispuestos a comprender y trabajar dentro de la cultura. Al mismo tiempo, debemos cuidarnos de no integrar nuestra herencia cultural con los absolutos de las Escrituras. Cuando reconocemos esto, es más fácil trabajar con otros que tienen estilos para la adoración diferentes a los nuestros porque sabemos que nuestras diferencias están culturalmente influenciadas.

Nuestra Primera Prioridad

Dentro de las paredes de nuestras iglesias, enseñemos y practiquemos todo lo que creemos. Disfrutemos completamente la seguridad de los absolutos. Expresemos y practiquemos nuestras interpretaciones y deducciones. Además, regocijémonos en nuestras preferencias culturales y personales para adorar y enseñar.

Pero fuera de las paredes de la iglesia, creo que debemos enfocarnos en los absolutos, porque cuando lo hacemos, ejercemos una fuerte presión sobre las fuerzas del mal que quieren dividirnos y apartarnos de nuestra primera prioridad.

El resultado es que la comunidad no cristiana escucha las mismas verdades esenciales, los mismos absolutos, de boca de miles de cristianos de diferentes iglesias. Ellos comienzan a preguntarse de dónde han salido tantos cristianos. Desde su punto de vista, ven a mucha gente hablando sobre lo maravilloso que es Cristo y lo grandiosa que es la Biblia. Ya no escuchan que los bautistas son mejores que los presbiterianos o que los carismáticos son más espirituales que los luteranos. En su lugar, ellos escuchan de todos esos grupos que Jesús es la única solución para los problemas que enfrentan y que pueden confiar en la Biblia.

Lo que el mundo necesita son los absolutos de las Escrituras. Una vez que la gente llega a Cristo y comienzan a asistir a nuestras iglesias, ellos pueden elegir sus interpretaciones, sus deducciones y su cultura.

Las iglesias de Colorado Springs eran similares a las que podemos hallar en muchas ciudades y muchos países del mundo. Creo que tanto los cristianos como los no cristianos por igual son alimentados con juicios críticos sobre otras iglesias, sobre los cristianos y sobre lo que estos creen. Sin embargo, se emocionan cuando ven a líderes y miembros de diferentes iglesias trabajando juntos. Así es cómo se pone en práctica el principio N° 2.

Cinco

Promover el ministerio de Cristo y Su Palabra por encima de nuestra propia misión o método

(El segundo de los cinco principios)

Todos hemos visto anuncios publicitarios de iglesias que dicen tener "la mejor coral", "el pastor más amigable" o "un nuevo santuario". ¿Acaso queremos convencer al mundo que nuestra iglesia o nuestro estilo es mejor que todos los demás? ¿O de verdad queremos trabajar en armonía con otras iglesias vivificantes para convencer a la mayor cantidad de gente posible que Jesús está vivo?

Hay cristianos que dicen: "Ven a la reunión de hombres de nuestra iglesia; es la mejor de la ciudad", o, "Aquella iglesia tiene el mejor pastor de jóvenes".

¿Por qué somos tan comparativos?

Algunas veces estimulamos inconscientemente este tipo de pensamiento comparativo. Expresamos que nuestra iglesia enseña la doctrina correcta y tiene la comprensión más completa en cualquier tema. Pero algunas veces no nos damos cuenta de la confusión que producimos. La mayoría de la gente tiene trato con otros buenos cristianos que difieren radicalmente de nosotros en relación a algunas interpretaciones, deducciones o valores subjetivos. Peor aun es el mensaje que se comunica a los no cristianos: "Si los cristianos no pueden estar de acuerdo con otros cristianos, ¿cómo puedo yo confiarles a ellos mi vida eterna"?

Un lujo que no podemos darnos

No lo olvide nunca: la iglesia está en guerra. Puede que su ciudad no tenga actividad ocultista abierta como la que hay en mi ciudad, pero puede estar seguro de que Satanás está usando alguna otra estrategia para impedir que la gente de su ciudad vaya al cielo. Puede ser a través de la pornografía, crimen rampante, pobreza, prosperidad, apatía, autojusticia, religión o cualquier otra artimaña. En la cultura judeocristiana de Norteamérica de antes de los años 60, la iglesia perdió su primera prioridad. Nos volvimos seguros y creíamos que al compararnos entre nosotros mismos hacíamos bien porque todos éramos "cristianos". Y hasta cierto punto, era cierto. Se reforzó el conocimiento de Dios por medio de las oraciones en las escuelas, en los eventos deportivos y durante las ceremonias de graduación. Los líderes políticos siempre se referían al Señor y a su dependencia en la soberanía de Dios.

Durante esos años, toda comunidad norteamericana típica sólo tenía iglesias cristianas. Algunas veces había una sinagoga judía, pero no había mezquitas islámicas ni templos hindúes. La vasta mayoría estaba compuesta por metodistas, bautistas, presbiterianos, menonitas u otro grupo cristiano.

No obstante, el problema era que el mensaje cristiano estaba perdiendo impacto porque la sociedad se había encerrado demasiado en sí misma. Perdimos nuestra preocupación en nuestra primera prioridad y nos distrajimos.

Ahora mi país es diferente. El islam es la religión que está creciendo con mayor rapidez en varias de las ciudades. Se está enseñando el hinduismo en nuestras escuelas y centros deportivos. No hay un patrón de lo que está bien y lo que está mal; ahora todo es "relativo". El pensamiento secular es respetado; el pensamiento cristiano es escarnecido. El humanismo es la religión patrocinada por el estado y los que lo desafían son ridiculizados.

En algunos círculos cristianos los creyentes ni siquiera aceptan el hecho de que su nación ha cambiado. De hecho, muchas veces utilizamos nuestras iglesias para proteger una cultura que ya no existe. En lugar de reformular nuestros métodos y desafiar nuestra propia efectividad, tratamos de escapar de la responsabilidad de la condenación eterna de las personas de nuestra comunidad, culpando a los demás por nuestra propia ineficiencia espiritual.

Pero nosotros los cristianos ya no podemos darnos el lujo de hablar de nuestras diferencias. Estamos perdiendo nuestras ciudades. No nos hemos dado cuenta de ello porque los locales de nuestras iglesias todavía están firmes y nosotros estamos ocupados haciendo cosas buenas. Pero el estar ocupado no tiene nada que ver con el hecho de que tengamos o no impacto en nuestras ciudades.

Varias veces a la semana tengo que preguntarme: ¿Lo que estoy haciendo es algo que realmente hará una diferencia en el destino eterno de alguien? ¿Promueve a Cristo y a Su Palabra en nuestra comunidad? ¿Ayudará a los no cristianos de la comunidad a entender el mensaje de Cristo?

No importa lo grandioso que pueda ser mi programa, mi iglesia o mis acciones en comparación con lo de cualquier otro cristiano. Mi misión es comunicar un mensaje eterno en una cultura cambiante.

La muralla cultural

La mayoría de los no cristianos no escuchan las emisoras de radio cristianas ni ven programas de televisión cristianos. No entienden el argot cristiano y no les importa las contiendas cristianas.

Hay una muralla cultural entre "nosotros" y "ellos".

Creo que nosotros los cristianos con frecuencia no nos comunicamos con los no cristianos porque estamos transmitiendo en un canal diferente. Sin embargo, los no cristianos saben cuando están heridos y cuando necesitan ayuda.

Hace poco, invitamos a un evangelista llamado David Roever a predicar en nuestra iglesia. David había peleado en la guerra de Vietnam y casi muere cuando una granada explotó en su mano. Se quemó horriblemente y su rostro tuvo que ser reconstruido casi en su totalidad. David le habla a la gente sobre los absolutos: que Jesús ayuda a cada quien a superar todas las circunstancias de la vida.

Decidimos utilizar la publicidad radial para anunciar que David vendría. Pudimos haber hecho un anuncio solo para las radioemisoras cristianas que hablaran sobre lo buen predicador que era y contar que él había predicado ante grandes masas de cristianos. Pero en lugar de ello, producimos un anuncio que también pudiera servir para emisoras seculares que transmitían música de todo tipo, incluyendo folklórica y rock. El anuncio hablaba sobre David, pero hacía más énfasis en el hecho de que su mensaje podía ayudar a las personas que estaban pasando por sufrimientos.

Como resultado, la gente del mundo secular pudieron oír acerca de David Roever y preguntar a sus compañeros de trabajo cristianos sobre él. La audiencia cristiana también tendría la oportunidad de escuchar sobre el evento cuando el anuncio fuese transmitido en la emisora cristiana. Pero su asistencia sería una consecuencia del proyecto de alcanzar a la comunidad secular.

Cuando David Roever habló, la atmósfera estaba eléctrica porque había allí mucha gente que generalmente no asistía a una iglesia. Los cristianos estaban emocionados porque sus amigos no cristianos habían ido con ellos. Y, como se podrá imaginar, la respuesta al final de la charla de David fue abrumadora. ¿Por qué? Porque se había logrado abrir una brecha en la muralla cultural. El predicador invitado gustaba a los no cristianos y los cristianos pudieron aprovechar la oportunidad para alcanzar a sus amigos para Cristo porque el mensaje fue colocado dentro del mundo secular.

La publicidad en una estación secular es mucho más costosa porque llega a más personas, pero precisamente ese es el punto, alcanzar a la gente, especialmente a los que no son salvos. Creo que la publicidad dentro de la comunidad cristiana tiene su lugar, pero no creo que deba ser la principal forma de ganar personas para Cristo. Un anuncio en la página religiosa de un periódico ayudará a pocas personas que están buscando eventos especiales o que les gustaría hallar una iglesia nueva, pero no ayuda mucho a nuestra primera prioridad.

Nosotros los cristianos hemos levantado una muralla cultural que los no cristianos no entienden, así que necesitamos derribarla lo más pronto posible.

El mensaje proactivo salta la muralla cultural

La publicidad *comparativa* anima a los cristianos a ir de iglesia en iglesia.

La publicidad *proactiva* lleva el evangelio a la gente que aún no es salva.

Un pastor amigo mío me dijo que los materiales promocionales de su iglesia ya eran proactivos. "Bueno, vamos a verlos", le dije.

El utilizó todo su presupuesto promocional en radios y en televisoras cristianas. Sus anuncios publicitarios de televisión decían que su iglesia ofrecía "emocionantes servicios y enseñanza bíblica práctica y relevante".

Al poner esos anuncios en la emisora de televisión cristiana, estaba en realidad diciendo: "Mi iglesia es más emocionante que la iglesia donde tú vas", lo cual es una incitación a dejar la iglesia de uno y comenzar a asistir a la de él. Si él colocara esos anuncios en una radio secular, tendría que explicar lo que significa "emocionantes servicios" por cuanto la mayoría de los no cristianos ni siquiera pueden imaginar qué puede ser emocionante dentro de una iglesia.

También decía que su iglesia ofrecía "enseñanza bíblica práctica y relevante" sin darse cuenta que eso implica que la enseñanza de otras iglesias es inferior. Además, ¿quién dijo que la gente secular está buscando "enseñanza bíblica práctica y relevante"? Ellos buscan un propósito en su vida, respuestas a sus problemas de trabajo y la manera para mantener a su familia unida.

Al diseñar un material promocional tanto para el mercado cristiano como para el no cristiano, no creo que sea necesario que las iglesias se tengan que comparar con otros grupos. En lugar de ello, pueden enfocarse en los absolutos. De esa manera, cuando los cristianos de alguna iglesia vivificante escuchen un anuncio de radio, por ejemplo, serán edificados. Y cuando los no cristianos escuchen el anuncio, se sentirán animados a confiar en el Señor Jesucristo y en Su Palabra. Se mencionará el nombre de la iglesia que patrocina el anuncio, pero no se hará un énfasis especial en él porque ese no es el punto.

Gracias a que se menciona el nombre de la iglesia, los cristianos que necesitan hacer un cambio de iglesia tienen algo de información a la hora de tomar esa difícil decisión, pero no se les ha incitado a hacerlo.

Un ejemplo de la publicidad proactiva es un anuncio que la Iglesia Vida Nueva transmite en una emisora radial local, a tempranas horas de la mañana.

"Hola a todos. Les habla el pastor Ted Haggard de la iglesia cristiana Vida Nueva. Sé que a esta hora estás muy ocupado u ocupada preparándote para ir a trabajar y llevar a los niños a la escuela, pero yo solo quiero animarte a leer tu Biblia por uno o dos minutos antes de salir hoy de tu casa".

"La Biblia posee una gran información sobre cómo tener un matrimonio exitoso, cómo criar a tus hijos, cómo tener una carrera exitosa e incluso cómo administrar tu presupuesto. La Biblia te ayudará en tu relación con tu supervisor y tus compañeros de trabajo. Créeme, si inviertes tan solo unos cuantos minutos leyendo la Biblia antes de salir de tu casa hoy, tendrás un mejor día".

Cuando alcanzamos el mundo, también alcanzamos a la iglesia. Si nuestro blanco es la gente de la iglesia, en realidad estamos tentando a los cristianos a que estén descontentos.

Los pastores dicen que los cristianos "mediocres" son aquellos que no pueden hacer ni mantener compromisos consigo mismos ni con los demás. Yo creo, que con nuestro ejemplo y nuestro mensaje, nosotros los pastores hemos enseñado a los creyentes a pensar de esa manera. Nuestros mensajes comparativos enseñan a los cristianos a valorar las cosas equivocadas mientras que el mensaje proactivo nos lleva a enfocar en los absolutos.

A nadie la importa mi cara o el aspecto de mi iglesia. Yo no puedo satisfacer sus necesidades; solo

Jesús puede hacerlo. Yo, como pastor, soy un anuncio que le indica a la gente el camino a Cristo, de modo que no soy yo el que tiene que ser promocionado. Solo Jesús ofrece bienestar y salud infinitos. Su Palabra proporciona la dirección.

La mayoría de las iglesias y los pastores nunca promocionan intencionalmente a una persona en lugar del evangelio. Pero sucede así con frecuencia por la forma en que la iglesia se presenta al público. La clave está en enfocarse en los absolutos en lugar de hacerlo en una iglesia o en un pastor.

La iglesia Vida Nueva también hizo promoción proactiva por medio de vallas de camino y anuncio en autobuses. En la ilustración 2, hay ejemplos de este tipo de anuncios. Fíjese que el mensaje es "Jesús", mientras que el nombre de la iglesia es discretamente presentado.

Los medios seculares

Cuando yo era un joven pastor en el Centro de Oración Mundial Betania en Baker, Louisiana, programé un seminario sobre música rock.

La noche del seminario, había una fila de autos de dos millas de largo en tres direcciones. El local estaba lleno, el estacionamiento repleto y el camino lleno de millas enteras de autos que querían entrar.

La televisora CBS grabó las actividades de la iglesia, entrevistó a estudiantes y adultos y recopiló, algunas escenas para el noticiero de la noche. ¿Por qué? Porque los hermanos Peters estaban dando un seminario de música rock.

¿Cuándo fue la última vez que ese tipo de evento atrajo tanta atención?

Cuando programé el seminario con los hermanos Peters, decidí promocionar el evento entre las personas que más disfrutan la música. Pagamos para que los principales *locutores radiales* promocionaran el evento

¿Necesita un nuevo comienzo?

Iglesia Vida Nueva
Centro de ministración
para toda la familia

JESUS

Tiene el mejor plan para su vida.

¿Problemas?

Iglesia Vida Nueva
Centro de ministración
para toda la familia

JESUS

Es la Solución.

¿Problemas?

Iglesia Vida Nueva
Centro de ministración
para toda la familia

JESUS

El siempre le será fiel.

¿Hábitos incontrolables?
¿Pensamientos incontrolables?
¿Vida sexual incontrolable?
¿Bebida incontrolable?

Iglesia Vida Nueva
Centro de ministración
para toda la familia

JESUS

Le da el PODER para estar en control.

ofreciendo los secretos de la letra y la música de los grupos más populares. Las principales estaciones de radio trasmitieron anuncios publicitarios que invitaban a la gente a asistir.

Muchos estudiantes de escuelas públicas respondieron y muchos llegaron a Cristo. Incluso estudiantes que no eran cristianos dejaron de escuchar música rock y comenzaron a comprar casetes de música cristiana para escucharla en sus autos. El mensaje del evangelio había penetrado efectivamente la muralla cultural; la vida de miles de estudiantes fueron transformadas. Incluso la CBS lo consideró digno de salir en el noticiero.

A veces nos preguntamos por qué los medios noticiosos seculares nunca cubren los principales eventos cristianos. Estamos tentados a creer que es por causa de una inclinación anti-cristianas. Yo nocreo que sea así. Creo que es por causa de que nuestros eventos no llegan al mundo.

La Enmienda 2 le dio a Colorado Springs la oportunidad de comunicar el evangelio en el otro lado de la muralla cultural. Bill Moyers, la NBC, la Radio Pública Nacional, la British Broadcasting Corporation, la International News Network y numerosos diarios me entrevistaron a mí y a otros cristianos en relación al crecimiento de la comunidad cristiana en nuestra ciudad.

Los equipos noticiosos que fueron a grabar a mi iglesia, se sorprendieron mucho. (Es importante comprender que la Iglesia Vida Nueva es una iglesia carismática independiente muy típica. Tiene una adoración muy animada, una sólida enseñanza y ministración en el altar.) Sin embargo, estos reporteros nunca habían vista nada igual. La cadena NBC la llamó un fenómeno. La BBC dijo que estaba segura que no había otro grupo como ese en todo el mundo. Obviamente, estaban muy equivocados. Pero en su visión del mundo no había ningún grupo de creyentes culturalmente relevante. ¿Por qué? Porque la iglesia no ha penetrado su mundo.

La muralla cultural debe ser penetrada. Debemos ir al mundo. Nuestro mensaje es para ellos.

Regularmente compramos comerciales de televisión de treinta segundos y colocamos anuncios publicitarios proactivos dentro de la programación secular. Tratamos de colocar algunos de esos anuncios mientras tansmitían lo peor de la programación de todo tipo. Sin embargo, ocasionalmente, también transmitíamos nuestros anuncios durante los programas para niños, programas deportivos o noticieros.

La compañía Producciones Impacto en Tulsa, Oklahoma, ha producido dos series de anuncios de treinta segundos que tienen que ver con la soledad, el divorcio, la vida después de la muerte, y otras cosas. Ellos pusieron estos anuncios a disposición de las iglesias de todo el país y han recibido respuestas positivas de sitios donde han sido usados. Nosotros hemos usado estos anuncios durante años con una gran efectividad.

De vez en cuando, también producimos nuestros propios anuncios. Uno fue filmado en un bar y fue titulado "No más noches solitarias". Una pareja vio este anuncio mientras estaban viendo televisión juntos en un bar.

"Detesto ese anuncio", le dijo el hombre a su chica.

"Yo también", dijo ella.

Pero en menos de dos semanas, los dos habían llegado a la Iglesia Vida Nueva y habían entregado su vida a Cristo. Ahora el esposo es el coordinador de nuestro ministerio Guardadores de la Promesa. Si ese anuncio no hubiese sido transmitido en una televisora secular, nosotros no habríamos tenido acceso a esta pareja, porque ellos estaban viviendo del otro lado de la muralla cultural.

Basta de llevar la cuenta

¿Recuerda el proyecto del video JESÚS? Noventa y seis iglesias iban por todos los sitios de Colorado Springs regalando cintas de video sobre Jesús. Algunos pastores querían saber cuántas personas habían llegado a sus iglesias gracias a ese esfuerzo. Yo no tenía idea. Pero sí sabía que nuestra iglesia estaba creciendo.

Y también crecía la iglesia Woodman Valley Chapel.

Y también la iglesia presbiteriana Village Seven.

Y también la iglesia bautista Briargate y cientos de otras iglesias locales.

De hecho, me alegra que nadie sepa cuántas personas llegaron a alguna iglesia en particular gracias a ese esfuerzo. Si sólo contamos personas dentro de nuestras iglesias, perdemos de vista nuestra prioridad. Sin embargo, puedo decir que donde oramos y distribuimos videos, aumentó la actividad cristiana en general.

En otras palabras, vemos que Cristo y Su Palabra estaban siendo promocionados. Pero no podíamos decir que fue por causa de determinada misión o determinado método.

A eso se le llama elevar el nivel de las aguas de la actividad del Espíritu Santo en su ciudad. En el siguiente capítulo le diré exactamente cómo funciona.

Seis

Orar para elevar el "nivel de las aguas" de la actividad del Espíritu Santo en su ciudad

(El tercero de los cinco principios)

En la misma manera en que el nivel de las aguas de una represa cambia según la época del año o la cantidad de lluvia, así también las ciudades y regiones experimentan variaciones en los niveles de la actividad del Espíritu Santo.

Una indicación de la actividad del Espíritu Santo es el aumento del número de cristianos activos en una área. Cuando un cristiano está activo, asiste a una iglesia. Por lo tanto, podemos medir el "nivel de las aguas" de la actividad del Espíritu Santo en una ciudad observando el porcentaje de personas que asisten a las iglesias cristianas el domingo por la mañana.

Si un 10 por ciento de la población de la ciudad está en las iglesias cristianas el domingo por la mañana, se puede dibujar un gráfico que muestre el nivel de las aguas en 10 por ciento. Al orar para que el Señor aumente la actividad del Espíritu Santo en su ciudad en un 5 por ciento al año siguiente, usted estará orando para que el Espíritu Santo traiga, salve y llene a un cinco por ciento adicional de personas de su ciudad, subiendo así el nivel de las aguas a un 15 por ciento, tal como se muestra en la ilustración 3.

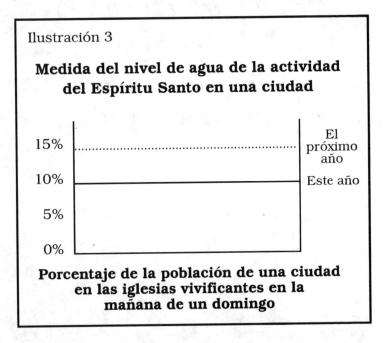

Ilustración 3

Medida del nivel de agua de la actividad del Espíritu Santo en una ciudad

15% ·· El próximo año

10% ———————————————————— Este año

5%

0%

Porcentaje de la población de una ciudad en las iglesias vivificantes en la mañana de un domingo

Colorado Springs tiene una población de aproximadamente trescientas mil personas, y hay más o menos doscientas iglesias vivificantes en el área. Para elevar el nivel de las aguas en un 5 por ciento en un año, se necesitaría que quince mil personas más asistieran a las iglesias. Eso significa un crecimiento promedio de setenta y cinco personas en cada una de las doscientas iglesias. ¡Eso es posible!

Pero si yo oro para que la iglesia que yo pastoreo aumente en quince mil personas en un año, la posibilidad de que eso ocurra sería remota.

Esferas de influencia

Los cuadros de la ilustración 4 representan su ciudad. Los círculos representan las esferas de influencia de las iglesias locales. Los ciudadanos que están dentro de las esferas podrán escuchar el evangelio y recibir vida eterna. El espacio entre las esferas de influencia representa la gente de la comunidad que no tienen relaciones que les permitan un fácil acceso a alguien que les testifique personalmente el evangelio.

La ciudad B muestra lo que sucedería si su iglesia se triplicara en un año. A pesar de que un índice de crecimiento del 300 por ciento sería muy impresionante, fíjese que no hace una gran diferencia en cuanto a la cantidad de personas que pueden oír el mensaje del evangelio. Una iglesia que experimenta un crecimiento fenomenal no es mucho lo que impide que la gente de su ciudad vaya al infierno.

Pero la ciudad C muestra el efecto que se produce cuando todas las iglesias duplican sus esferas de influencia. Cuando eso sucede, el área que queda por fuera de la influencia del mensaje del evangelio de vida se hace mucho más pequeño. Cuando ocurre este tipo de crecimiento, las iglesias recién fundadas reciben una gran asistencia por parte de las otras iglesias, alcanzando áreas de la comunidad que están más allá de sus esferas de influencia. Unos cuantos años de crecimiento generalizado de las iglesias es la única forma genuina que conozco para impedir que la gente de su ciudad vaya al infierno y producir cambios en la sociedad necesarios para reflejar un fuerte impacto del evangelio.

El crecimiento de las iglesias cristianas es la mejor forma que conozco para impedir que la gente de su ciudad vaya al infierno.

Ilustración 4

Aumento de la influencia de la Iglesia en una ciudad

CIUDAD A

La mayoría de la población vive fuera de la influencia de cualquier iglesia vivificante.

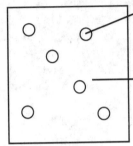

Esferas de influencia de las iglesias locales.

Personas fuera de la esfera de influencia de cualquier iglesia.

CIUDAD B

El crecimiento de una sola iglesia deja a gran parte de la ciudad aun sin alcanzar.

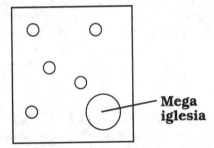

Mega iglesia

CIUDAD C

El crecimiento de todas las iglesias vivificantes hace difícil que la gente evite el evangelio.

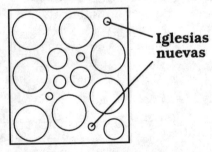

Iglesias nuevas

La oración

Cuando oro y ayuno, me gusta alquilar una habitación con una pareja de amigos en un área donde podamos ir a hacer caminatas de oración por los diferentes vecindarios. Nuestra meta es elevar el nivel de las aguas de la actividad del Espíritu Santo en esa región. Mientras caminamos por los vecindarios orando, le pedimos al Señor por las personas que viven en los hogares por donde vamos pasando. Oramos por los negocios que vemos y pedimos a Dios que bendiga todas las iglesias con las que nos encontramos.

A veces no sabemos nada acerca de las iglesias que encontramos, así que oramos de la manera en que nos gustaría que los demás oraran por nosotros. Caminamos alrededor de las iglesias pidiendo a Dios que bendiga a todas las personas que le adoran allí. Hacemos guerra contra todo espíritu demoníaco que esté obrando contra la iglesia o contra las personas que allí asisten. Pedimos a Dios que los bendiga financieramente, que fortalezca su visión, que aumente su pasión y que añada más familias a esa iglesia.

Tomamos aceite, como símbolo del Espíritu Santo y lo colocamos en las esquinas de las edificaciones de las iglesias. Ungimos los quiciales de las puertas y el perímetro de la propiedad. Intercedemos por la iglesia, pidiendo a Dios que haga grandes milagros.

En caso de que sepamos que la iglesia por la cual estamos orando no es una iglesia vivificante, somos responsables de convertirnos en guerreros espirituales. Oramos para que la revelación de las Escrituras y el poder del Espíritu Santo sean manifiestos en estas iglesias. Oramos para que ocurra un encuentro personal con el Señor Jesucristo que la transforme en una iglesia vivificante.

Nos cuidamos de no llamar la atención ni de mostrar alguna actitud amenazadora. Si vemos que la situación es un tanto difícil para orar, sencillamente oramos con discreción mientras caminamos por el frente de la iglesia a un paso normal. Nuestro propósito no es ser vistos, sino aumentar el nivel de las aguas de la actividad del Espíritu Santo en la región.

Basándome en cierta información recabada por la Asociación de Evangélicos de Colorado Springs, estimo que el 17 por ciento de la población de Colorado Springs asistió a iglesias vivificantes en una mañana promedio de 1994. Creo que hace diez años solo el 10 por ciento asistía a este tipo de iglesias. Estoy orando para que dentro de los siguientes cinco años, el veinticinco por ciento de nuestra ciudad asista a esas iglesias.

Cuando comenzamos a orar en términos de aumentar el nivel de las aguas, la resistencia demoníaca se confunde y se abre una puerta para grandes manifestaciones del reino de Dios. También nos ayuda a darnos cuenta que el éxito de otras personas no representa una amenaza para nosotros porque si aumenta el nivel de las aguas, nuestros propios ministerios también aumentarán. Es obviamente una situación en la que todos ganan.

Burbujas de crecimiento en la iglesia

Las cifras que se manejaron en los años 80 nos están forzando a volver a pensar en el crecimiento de la iglesia.

Durante esa época, experimentamos un fenomenal crecimiento de las mega-iglesias y los grandes ministerios cristianos fuera de las iglesias. (Yo defino una mega-iglesia como aquella que tiene una asistencia regular de más del 1 por ciento de la población de la ciudad.) A medida que crecían las iglesias y los ministerios, pensamos que el mensaje del evangelio estaba llegando a un mayor porcentaje de gente en esa región. Pero en muchos casos, la iglesia en general estaba declinando.

Una mega-iglesia es como una burbuja o una ola en el nivel de agua de la comunidad (véase la ilustración 5).

Para poder sostener una burbuja como esta con el paso del tiempo, es necesario que se eleve el nivel del agua alrededor de la burbuja.

Se necesita una gran cantidad de energía para mantener una burbuja por un largo período de tiempo. En muchos casos, las iglesias burbuja de una década se convierten en una iglesia promedio de la época siguiente.

En vez de gastar una excesiva energía manteniendo una gran iglesia, se deben hacer esfuerzos para elevar el nivel de las aguas alrededor de la burbuja, permitiendo así permanecer por mucho tiempo sin dificultades o incluso crecer aun más. Pero tratar de hacer que una iglesia sea más grande sin elevar el nivel total de las aguas en la comunidad, al final se convierte en algo infructuoso.

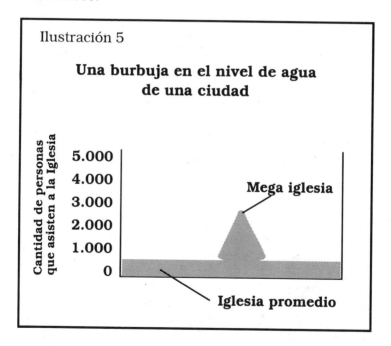

Ilustración 5

Una burbuja en el nivel de agua de una ciudad

Por ejemplo, en este mismo momento en Colorado Springs, la Iglesia Vida Nueva es desproporcionadamente más grande que la mayoría de las iglesias en la región. Quiero que la Iglesia Vida Nueva sea aun más grande por causa de la realidad del cielo y el infierno. Pero para lograr un crecimiento y mantenerlo, debemos orar y trabajar juntos para animar a las otras iglesias de la región a crecer.

Si una ciudad tiene varias iglesias vivificantes con una asistencia de tres mil personas, entonces puede sostenerse la burbuja de una iglesia de seis mil asistentes los domingos. Pero si las otras iglesias grandes sólo tienen quinientas personas, será difícil que una iglesia mantenga una asistencia dominical sostenida de seis mil personas.

Considerando la posición en que yo estoy, obviamente soy un defensor de las mega-iglesias. Dios está bendiciendo a la comunidad cristiana con mega-iglesias y ministerios cristianos porque El ama a los que están perdidos. Las mega-iglesias poseen una gran acumulación de recursos y poder de oración que pueden transformar a una ciudad, si sus miembros no cometieran un error crucial.

El rol de las mega-iglesias

No debe pensarse que el crecimiento de las mega-iglesias implica necesariamente un impacto en la ciudad si, en realidad, sus recursos se diluyen. Permítame ilustrarlo.

A medida que una iglesia crece, deben tomarse decisiones en relación a las maneras más efectivas de utilizar el dinero para alcanzar a la gente con el mensaje del evangelio. Los presupuestos de la mayoría de las iglesias grandes van hacia el local y el personal. Si una deuda excesiva o los exorbitantes salarios no se convierten en un problema, las iglesias también tienen la oportunidad de decidir cómo utilizar dinero en la evangelización. En la Iglesia Vida Nueva hemos tomado decisiones fundamentales sobre nuestros recursos para evangelización:

1. Concentrar nuestros recursos para producir resultados cuantificables para el reino de Dios en nuestra región.

2. Financiar proyectos misioneros para elevar el nivel de las aguas de la actividad del Espíritu Santo en regiones del mundo donde la gente que allí vive nunca podría hacerlo sola.

Muchas iglesias cometen un gran error al invertir toda su partida de evangelización en programas nacionales que ministran principalmente a la cultura cristiana. Esa inversión no tendrá un impacto concentrado en ninguna área geográfica y probablemente no producirá ninguna diferencia cuantificable. Gracias a que reciben algunas respuestas, ellos saben que están llegando a algunas personas y ayudándolas. Pero por causa de que sus recursos se esparcen de manera tan diluida, en realidad están contribuyendo al hecho de que su propia ciudad esté declinando espiritualmente.

Un pastor podría tomar treinta y cinco mil dólares al mes y comprar espacios en una radio o televisora nacional. O una iglesia podría invertir los mismos treinta y cinco mil dólares en su región llevando el evangelio por medio de los medios de comunicación locales y los servicios comunitarios.

En el primer escenario el pastor podría llegar a ser muy conocido y podría mostrar un gran éxito por el aumento de los ingresos, de la correspondencia y de las oportunidades, todas produciendo maravillosos testimonios. Pero en medio de un ministerio creciente, es poco probable que puedan apuntar a una ciudad específica donde su influencia contribuyera a una declinación cuantificable de los índices de criminalidad, un crecimiento de la iglesia en general o cualquier otro ajuste social.

Una mega-iglesia podrá producir un impacto duradero si pone límites geográficos definidos a su ministerio. Cuando mantenemos límites, acumulamos agua y tenemos una gran reserva de fuerza con la cual podemos comunicar el evangelio a todos en nuestra área. Es como el agua que se amontona en una represa. Si no hay límites, el agua baja y el impacto se disuelve.

Crecimiento por transferencia o por conversión

Algunas actividades de la iglesia producen cierta conmoción, pero no producen ninguna diferencia imperecedera. Un buen ejemplo de ello es el crecimiento por transferencia.

El crecimiento por transferencia ocurre cuando la gente se cambia de una iglesia a otra pero no hay aumento alguno del nivel de las aguas de la actividad del Espíritu Santo en una ciudad (véase la ilustración 6). El único impacto positivo del crecimiento por transferencia es cuando una persona se cambia de una iglesia incrédula a una iglesia vivificante. A veces la transferencia ocurre cuando los cristianos se mudan de ciudad y están buscando una nueva iglesia a la cual asistir. Otras veces, sin embargo, puede que la otra iglesia no satisfaga sus necesidades y ellos decidan cambiar a otra iglesia.

La ilusión del pasado dice: "Si mi iglesia está creciendo, es porque está produciendo un impacto en nuestra ciudad". La realidad es que si una iglesia vivificante crece porque otra está declinando, no hay diferencia en la composición social y cultural de la sociedad.

El crecimiento por conversión es mucho más difícil, pero produce un aumento inmediato en el nivel de las aguas de la actividad del Espíritu Santo en una ciudad. Se requiere alcanzar a la comunidad que no asiste a la iglesia con el mensaje del evangelio y discipular a aquellos que responden al Señor.

Si nos enfocamos en el crecimiento por transferencia en nuestras oraciones, pensamientos y acciones, nos enfocamos en nosotros mismos. Nosotros oramos, pensamos y actuamos en términos de auto-preservación y auto-promoción. El pensamiento y el habla comparativos son la norma.

Ilustración 6

Una iglesia centrada en el crecimiento por transferencia

IGLESIA

Comunidad
Comunidad
Comunidad
Comunidad

La iglesia se centra en sí misma y la comunidad recibe poca atención.

En contraste, la gente de las iglesias que enfatizan el crecimiento por conversión crece intencionalmente enfocada en servir y llegar a los que no han oído el mensaje. Se requiere un pensamiento proactivo y creativo y mucha oración. La atención va desde dentro de la iglesia hacia la comunidad (véase ilustración 7).

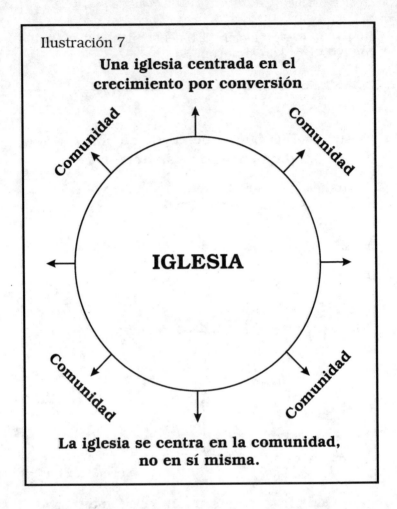

Ilustración 7

Una iglesia centrada en el crecimiento por conversión

IGLESIA

Comunidad

Comunidad

Comunidad

Comunidad

La iglesia se centra en la comunidad, no en sí misma.

Puede que se produzca cierto crecimiento por transferencia al trabajar por el crecimiento por conversión. Es un desarrollo saludable y necesario, pero no puede ser el centro de nuestros esfuerzos.

En una mañana dominical típica, la congregación de la iglesia Vida Nueva está compuesta por un 50 por ciento de transferencias de otras iglesias y un 50 por ciento de personas que se convirtieron o que se reconciliaron en nuestra iglesia. Eso significa que damos una contribución legítima para el aumento del nivel de las aguas de la actividad del Espíritu Santo en nuestra ciudad. Si nuestra iglesia estuviese compuesta principalmente por miembros de transferencia, ello indicaría que no hemos hecho una diferencia significativa en el balance social o cultural de la ciudad.

Mi trabajo ahora es hacer todo lo posible para estimular el crecimiento de otras iglesias vivificantes de nuestra región y elevar el nivel de las aguas de la actividad del Espíritu Santo en Colorado Springs. Cuando esto sucede, todos crecemos, tenemos mayores oportunidades y nuestra ciudad es alcanzada efectivamente por la causa del evangelio.

La iniciativa de Colorado

El año pasado decidimos comenzar a orar para que se elevara el nivel de las aguas de la actividad del Espíritu Santo en todo el estado de Colorado. Sabíamos que Dios tenía maravillosos creyentes e iglesias, así que decidimos intentar apuntalar al cuerpo de Cristo en el estado por medio de una guerra espiritual en oración teniendo en mente el deseo de servir. Pedimos a la gente de nuestra iglesia que adoptara los sesenta y tres condados de nuestro estado. Cada equipo tomó un condado y se reunieron cuatro veces para orar por él. Hicieron un viaje a dicho condado para orar allí (junto con los pastores locales cuando era posible). Luego, al regresar, los equipos se reunieron cuatro veces más para orar.

Recibí llamadas de pastores cuyas iglesias aumentaron la asistencia apenas semanas después de que los equipos de oración visitaron sus comunidades. Con frecuencia estas eran iglesias en pequeñas comunidades situadas en las Montañas Rocosas o en las planicies del Este del estado. A menudo, los cristianos de estas comunidades se sienten solos y olvidados, ciertamente fuera del camino más transitado. Pero después de un día de oración con uno de los equipos, están tan emocionados por lo que Dios va a hacer que su iglesia crece de manera natural.

Por causa de que el crecimiento del reino de Dios en Colorado Springs coincidió con bajos índices de criminalidad, es lógico que el aumento del reino de Dios en el estado reduzca el crimen a nivel estatal. Confío en que a medida que las estadísticas del estado de Colorado lleguen a disposición de todos veremos una tendencia similar en todo el estado: mayor participación de la iglesia y menores índices de criminalidad.

Cuando oramos para que se eleve el nivel de las aguas de la actividad del Espíritu Santo en nuestra ciudad, muchas veces terminamos orando por ministerios que interpretan porciones de la Biblia de manera diferente a como nosotros los interpretamos o que tienen una cultura diferente a la nuestra. Pero siguen siendo iglesias vivificantes. Por lo tanto, debemos visualizar nuestras diferencias como una fortaleza, que significa apreciar nuestras interpretaciones de las Escrituras.

Siete

Apreciar las respetadas interpretaciones de los demás sobre las Escrituras

(El cuarto de los cinco principios)

Durante la Segunda Guerra Mundial, algunos soldados tenían un amigo que murió. Ellos fueron a una iglesia luterana y preguntaron al reverendo si podían enterrar a su amigo en el cementerio cercado que quedaba junto a la iglesia.

El viejo reverendo les preguntó: "Era luterano este hombre?"

"No tenemos ni idea", respondieron ellos.

El pastor les dijo: "Pues bien, tendrán que enterrarlo del lado de afuera de la cerca".

Ellos enterraron a su amigo del lado de afuera de la cerca y se fueron. Más adelante, ellos volvieron a pasar por el pueblo donde habían enterrado a su amigo y fueron a visitar la tumba de su amigo. Se sorprendieron al ver la cerca. Ya no estaba donde había estado antes. El viejo reverendo, al darse cuenta que no había actuado bien, mandó a mover la cerca para que la tumba del soldado caído en combate quedara dentro.

¿A quién le gusta una muralla?

Conté esta misma historia cuando comenzábamos un retiro de ayuno y oración para pastores y les pedí que movieran sus cercas para incluir a más personas en su círculo de aceptación.

Al final de ese fin de semana, un pastor bautista dijo al resto del grupo, con lágrimas en los ojos, "Al conocerlos a ustedes y adorar y orar con ustedes, comencé a mover mi cerca. No quería hacerlo porque era mucho más fácil pensar que mi grupo estaba en el camino correcto y que la mayoría de ustedes no lo estaban. Pero me di cuenta que ustedes también aman al Señor y a Su Palabra. Yo no lo sabía porque esta es la primera vez que voy a una reunión que no es solo de pastores bautistas".

Luego concluyó diciendo: "Mientras movía mi cerca, ésta se cayó y he decidido que la voy a dejar así".

Todos los pastores que allí estaban le dieron una gran ovación.

A menudo levantamos cercas que excluyen a los creyentes que tienen interpretaciones, deducciones u opiniones diferentes a las nuestras. Los carismáticos miran por encima del hombro a los que ellos creen que no están tan llenos del Espíritu Santo como ellos. Hay otras denominaciones que menosprecian a los carismáticos por tener una teología al azar. Algunas denominaciones se glorían en su larga historia, mientras que otras se deleitan en su hiper-individualismo. Parece que si estamos debidamente entrenados, sabemos exactamente con quienes no debemos asociarnos porque no son como nosotros. Eso es un terrible malentendido. Jesús, quien es cabeza de la iglesia, utiliza nuestras diferencias para alcanzar a los que están perdidos. A pesar de la manera pobre en que las manejamos, las variadas expresiones dentro del cuerpo de Cristo no son en absoluto nuestra vergüenza o nuestro fracaso. Son nuestra fortaleza, diseñadas por Dios para que Su cuerpo sea más efectivo.

Me encantan las heladerías

A mí me encantan todo tipo de helados. Algunas veces quiero vainilla con tope de caramelo, crema batida, nueces y una cereza. Otras veces de banana o de chispas de chocolate. Muy pocas veces pido vainilla sola, pero algunas veces pido de fresa.

Por eso es que me gustan las heladerías Baskin-Robbins. Ellos tienen treinta y un sabores y siempre puedo encontrar algo que me guste. Todos son helados, pero cada uno tiene un sabor diferente.

En Colorado Springs tenemos noventa sabores diferentes de iglesias. La mayoría de ellas están basadas en el mensaje de Cristo como la piedra fundamental y aceptan la Biblia como su autoridad. Así que en cada una de ellas se puede descubrir las mismas verdades básicas que ponen a disposición la vida eterna para todos.

Al discutir sobre los diferentes sabores en el cuerpo de Cristo, no me estoy refiriendo al movimiento ecuménico humanista que acepta a todas las personas de todas las creencias como hermanos. Estoy diciendo, en cambio, que debemos apreciar las interpretaciones que tenemos de las Escrituras, las cuales son interpretaciones que son respetadas por la mayoría de las escuelas bíblicas. No son herejías ni enseñanzas que amenazan la divinidad de Cristo o la integridad de Su Palabra.

Pero creo que el Señor planeó que las iglesias locales fuesen distintas por una razón.

Alcanzando a las almas perdidas

Digamos que en la calle décima de su ciudad hay cinco iglesias cristianas. Supongamos que cada uno de esos pastores ha elegido enfocarse en los absolutos de las Escrituras. Una es presbiteriana, otra es bautista, otra independiente, otra carismática y la última es metodista.

Joe Schmoe, un no creyente, se mudó a la ciudad y escuchó que había gente en la ciudad hablando positivamente del Señor en público. El decide visitar una iglesia. Recuerde: Joe es un no creyente. No es del tipo de personas que va de iglesia en iglesia, ni tampoco está tratando de hallar una iglesia que llene sus expectativas emocionales y necesidades culturales. El está buscando respuestas. Todas nuestras ciudades están llenas de gente como Joe. Comenzó a asistir a la iglesia presbiteriana. Todos estaban muy bien vestidos y eran muy amables. Cantaban himnos, la coral era impresionante y el pastor explicó que Jesús es la única solución para el problema del pecado de la humanidad. Joe escuchó el mensaje y disfrutó el servicio, pero estaba un poco incómodo con la formalidad.

El siguiente domingo, visitó la iglesia carismática. Todos estaban contentos, hablaban alto y eran muy francos. Había música con batería, colores brillantes, y el pastor estaba con la gente hablando y riendo. Cuando comenzó el servicio, Joe estaba completamente desorientado. La gente aplaudía y saltaba de gozo y había muchos que tocaban panderetas. Era una celebración maravillosa. Pero él no tenía idea de cómo la gente sabía cuándo debía levantar sus manos o cerrar sus ojos o palmear y saltar. Algunos cantos parecían tener movimientos de manos que lo dejaban desconcertado.

Cuando el pastor habló, explicó el mismo principio básico que explicó el pastor presbiteriano: Jesús es la solución para el problema del pecado de la humanidad. Joe disfrutó mucho en esta iglesia pero no se sentía seguro. Él quería algo que se sintiera un poco más tradicional.

A la semana siguiente, fue a la iglesia independiente. El pastor de esta iglesia independiente era carismático; él exhortó a los asistentes a que llevaran una vida de oración diaria y que leyeran la Biblia. Cuando predicó el sermón, Joe escuchó sobre la gran transformación interna que ocurre cuando se tiene un encuentro personal con Cristo. Oyó, una vez más, acerca del perdón de los pecados y la eficacia de la sangre de Cristo para todos los que se arrepienten y creen. Aun cuando el mensaje le llegó, la cultura del servicio era como un obstáculo para él. Él necesitaba algo mucho más relajado.

El domingo siguiente, Joe visitó la iglesia metodista. La maestra de escuela dominical habló acerca de una especie de viaje de oración por la Ventana 10/40. Habló sobre los eventos de la oración poderosa y la intercesión. Ella quería comenzar a hacer caminatas de oración en la comunidad para elevar el nivel de las aguas de la actividad del Espíritu Santo para que así más personas pudieran experimentar el amor de Jesús en su vida.

El corazón de Joe fue tocado. En lugar de ir al servicio de adoración, se quedó allí después de la clase de escuela dominical. Él oró con la maestra para aceptar a Cristo, y hoy en día es un metodista lleno del Espíritu.

¿Cómo sucedió? Él escuchó el mismo mensaje básico de parte de los varios sabores que hay en el cuerpo de Cristo. Nadie trató de convencerlo de que su sabor era el sabor perfecto para satisfacer su necesidad. En lugar de ello, todos los sabores, manteniendo sus propias distinciones, comunicaron la necesidad de Cristo.

Una estrategia a partir de la diversidad

La iglesia que yo pastoreo es una iglesia carismática independiente que tiene un fuerte énfasis internacional. Hay banderas de casi todos los países colgando del techo (porque, de todos los grupos cristianos que yo conozco, los carismáticos son los que más miran al techo), haciendo que parezca más un centro de convenciones que una iglesia. Nuestro "sabor" nos ayuda a servir a un grupo de personas al que a una iglesia bautista normalmente no llegaría. La iglesia bautista, sin embargo, puede servir a personas a quienes a nuestra iglesia nunca llegaría.

Conclusión: Nuestra primera prioridad no requiere que nuestra iglesia alcance a todas las personas. Sería imposible. Dios no lo permitiría porque se estaría violando la composición del cuerpo. Dios quiere, en cambio, que alcancemos a un grupo específico de manera efectiva y nos ayuda a comprender que un sabor diferente en el cuerpo de Cristo está constituido por consiervos que llegan a otro grupo. De la fuerza que logramos de nuestros diferentes sabores, podemos comunicar el evangelio a los diferentes tipos de personas en nuestras comunidades.

La humildad ayuda

Se necesita humildad.

Mucha gente me ha dicho algo como: "Pastor Ted, le amamos a usted y a su iglesia, pero como familia vamos a comenzar a congregarnos en la iglesia La Roca del Púlpito porque tienen un programa juvenil que atrae a nuestros hijos. No queremos herir sus sentimientos, pero creemos que nuestra familia crecerá más en esa iglesia".

Mientras mi corazón se hunde y me siento un poco abandonado, mi primer pensamiento es: Estoy invirtiendo mi vida en esto y ellos llegan y se van tan campantes. Luego me recuerdo a mí mismo que ambas iglesias están trabajando para servir a la gente; no es la gente quien tiene que servirnos a nosotros. Así que les agradecí por su participación mientras estuvieron aquí y me tranquilicé al saber que ellos solo se están transfiriendo a otra iglesia vivificante, es solo un sabor diferente.

Puede ser fácil decir que respetamos a otros ministerios, pero se necesita humildad para ponerlo en práctica.

Aprendiendo de los demás

Cuando llegué a Colorado Springs, nunca antes había sido el pastor principal de una iglesia. Pero me di cuenta de que estaba repitiendo un error que había visto en la mayoría de las iglesias donde yo había estado involucrado. No formé siervos/líderes dentro de mi congregación.

Después de una larga discusión con un pastor presbiteriano, vi que mi historia cultural en la iglesia me dejó con una muy escasa apreciación o comprensión del rol de los ancianos en una iglesia local. Después de leer su material y sostener prolongadas charlas con mi hermano presbiteriano, hablé con mi iglesia sobre los ancianos e identifiqué a un grupo de ancianos que me pudiesen ayudar a mí y a los demás miembros del cuerpo pastoral a servir a toda nuestra iglesia.

Nunca hubiese podido aprender esa lección desde dentro de mi propio sabor en el cuerpo de Cristo. Aun cuando todos somos helados, necesitamos la variedad de sabores.

Ocho

Apoyarse mutuamente en palabras y hechos

(El quinto de los cinco principios)

En un pequeño pueblo de Louisiana, vi uno de los mejores ejemplos de "apoyo en palabras y hechos" que haya visto.

Una pequeña iglesia en el centro de la ciudad había estado en la comunidad durante años. Luego un pastor bautista fundó una iglesia en el extremo de la ciudad, con servicios muy carismáticos.

Cuando la iglesia bautista creció, el pastor de la iglesia pequeña se puso furioso. "Hay una iglesia al otro lado de la ciudad que está llena de falsas doctrinas", decía el pastor. "Ahí suceden cosas demoníacas. Manténgase lejos de allí porque quién sabe lo que le pueda suceder a usted".

Pero los bautistas llenos del Espíritu Santo crecieron de un gran edificio a otro aun más grande. Su grupo de jóvenes era más grande que toda la congregación de la otra iglesia.

Así continuó durante quince años. La congregación pequeña continuó reduciéndose y su localcito estaba sumamente deteriorado. Por otro lado, la iglesia bautista tenía edificaciones nuevas y bien mantenidas y siempre llegaban nuevas familias jóvenes.

Finalmente, el local de la iglesia pequeña se volvió inseguro. Si no conseguía el dinero para repararlo, tendrían que cerrarlo. Para ese momento, la congregación sólo contaba con treinta personas. El dinero era escaso.

El pastor de la iglesia bautista escuchó acerca de los problemas que tenía la iglesia que había estado predicando contra ellos por tanto tiempo. Inmediatamente contactó al pastor de la otra iglesia y le explicó que a su iglesia le gustaría ayudarle. ¿Qué necesitaban?

En un mes la iglesia bautista había costeado la demolición de la pequeña iglesia y la construcción de una nueva hecha de ladrillos en el mismo sitio para los que allí se congregaban.

Como se podrá imaginar, el acto generoso cambió el corazón del pastor tradicional. Dejó de predicar contra la iglesia bautista, aun cuando continuó siendo de un sabor diferente. Incluso comenzó a alardear de los buenos cristianos que eran los de la otra iglesia.

El cuerpo de Cristo en toda la ciudad se fortaleció gracias a las palabras y las acciones de apoyo.

Respetar la autoridad espiritual

Cuando llegué por primera vez a Colorado Springs, había el potencial para que yo tuviese mi propio lugar de retiro con otro pastor local.

Antes de que yo llegase, la iglesia presbiteriana Village Seven tomó una posición muy pública en relación a cierta teología dudosa que se enseñaba en los círculos carismáticos. Esto fue un fuerte golpe para algunas de las iglesias carismáticas pequeñas y para los que creían en la operación actual de los dones del Espíritu.

Para el momento en que se hizo ese anuncio en Village Seven, nosotros éramos una pequeña iglesia que funcionaba en el local destinado a una tienda, y Dios estaba tratando conmigo en relación a la autoridad espiritual. Ya había estado leyendo *La historia de los tres reyes* de Gene Edwards, *La autoridad espiritual* de Watchman Nee y un material de Bill Gothard. Las ideas de estas tres fuentes combinadas produjeron en mí un fuerte impacto.

Mientras oraba por la ciudad, recibí una fuerte impresión de que yo había limitado la autoridad y que necesitaba honrar a los que Dios había escogido honrar en esa ciudad. Pregunté al Señor quiénes eran esos líderes espirituales y vino a mi mente Bernie Kuiper, el pastor que no era carismático de la iglesia presbiteriana Village Seven.

Hice una cita con el Dr. Kuiper. Cuando me reuní con él, le expliqué que yo creía firmemente que él había sido escogido por Dios como un líder espiritual en la ciudad y que yo siempre hablaría de él de manera respetuosa y honorable. El me hizo varias preguntas sobre la teología carismática y, según creo, quedó gratamente sorprendido por mis respuestas. Luego oramos juntos por nuestras iglesias y nuestra ciudad.

No mucho tiempo después de eso, se reunieron voluntarios de diferentes iglesias en la Asamblea Radiante de Dios para organizar la consejería telefónica para los anuncios televisivos de Will Perkins que saldrían al aire en navidad. El Dr. Kuiper y yo estábamos allí para hablar y animar a la gente a participar. En lugar de hablar uno a la vez, pasamos juntos al frente y hablamos de lo emocionante que era ver a las personas llegar a Jesús.

Supongo que el hablar sobre la salvación de las personas nos relajó un poco. Con risas, estuvimos de acuerdo en el hecho de que si alguien iba a Village Seven y se ponía demasiado emocional, el Dr. Kuiper lo enviaría a Vida Nueva. Y que si llegaba alguien a Vida Nueva con un traje de más de quince mil dólares, lo enviaríamos a Village Seven. Todos rieron y aplaudieron.

Creo que a todos les gustó mucho el ver a dos pastores poner de lado sus diferencias y trabajar juntos por la salud espiritual de una ciudad. Desde entonces, siempre me refiero al Dr. Kuiper como "obispo" y nuestra relación es ahora de mutuo respeto y una buena amistad.

Hablar no hace daño a nadie

Un grupo de representantes de diferentes trasfondos espirituales de Colorado Springs, comenzaron a reunirse bimensualmente en 1993 para desarrollar relaciones entre sí. El grupo ahora incluye al rabino Howard Hirsch del templo Shalom, el obispo Richard Hanifen de la diócesis católica romana, James Dobson del ministerio Enfoque a la Familia, James White de la Primera Congregacional (Iglesia Unida de Cristo), Terry Taylor de Navegantes, otros y yo.

Nuestro tiempo juntos nos ha permitido establecer una base de respeto. Después de unos cuantos meses de reuniones, comenzamos a hacernos amigos. Nuestro terreno común es el hecho de que todos nosotros adoramos al Dios de Israel y tenemos una profunda convicción de que la gente debe ser tanto respetuosa como respetada.

Como resultado, los miembros del grupo firmamos un Pacto de Respeto Mutuo. Lo distribuimos en nuestras iglesias y lo mandamos a publicar en el periódico en un aviso a página completa para que la comunidad lo pudiera ver. El segundo párrafo del pacto decía lo siguiente:

La diversidad de nuestras perspectivas religiosas puede conducirnos a áreas de posibles desacuerdos. Nuestra esperanza es referirnos a esas áreas de diferencia con una actitud de apertura, respeto y amor, y una disposición de escuchar y aprender de los demás con el fin de que podamos manifestar el ministerio de la reconciliación. Con esta esperanza y esta oración ante nosotros, juntos acordamos hacer este pacto de conducir nuestra vida común de acuerdo a los patrones bíblicos de justicia, misericordia y paz por cuanto somos líderes en nuestras congregaciones, organizaciones y comunidades. Creemos que al hacerlo reflejamos la naturaleza de nuestro Dios, el creador del universo y Señor de todo.

Este pacto ha ayudado a crear fuertes lazos de amistad entre los grupos. Ahora, cada vez que uno de nuestros sabores está involucrado en un proyecto grande, hay un clima de amistad y apoyo que permite que tengamos discusiones francas y abiertas y seguridad personal para todos nosotros.

Una sociedad libre produce ideas libres

La diócesis católica de Colorado Springs organizó siendo anfitriona en un Congreso de Reconciliación, Sanidad y Hospitalidad. Allí discutimos sobre los temas "¿Qué es lo que nos separa?" y "¿Qué nos une?" Los dos conferencistas invitados fueron Robert Bellah, el autor de *Hábitos del corazón* y *La sociedad buena*, y Margaret O'Brien Steinfels, autora de *¿A quiénes les están importando los niños: La historia y la política de Day Care en los Estados Unidos*, ambos unos liberales sociales.

Para complementar a estos conferencistas, había un panel de oradores invitados de nuestra comunidad. Entre ellos estaban Clair García, una profesora de inglés del Colorado College; Howard Hirsch, rabino del templo Shalom y profesor de religión en el Regis College; Mary Lou Makepeace, miembro del ayuntamiento de Colorado Springs y yo.

Nosotros representábamos a una amplia gama de respuestas a las presentaciones dadas por los oradores principales. Asistimos a diferentes sitios de adoración. Tenemos posiciones políticas diferentes. Tenemos puntos de vista en las áreas sociales, políticas y espirituales que rivalizaban; pero todos somos amigos. Tenemos la oportunidad de comunicar ideas entre nosotros de modo que la comunidad católica tiene una comprensión general del corazón de un evangélico conservador.

En toda sociedad libre es importante que las ideas fluyan libremente. Yo sé que los eventos del evangelio son los más grandes eventos de la historia. Yo sé que hay un Dios en el cielo y que Él tiene opiniones definidas. También sé que la gente que vive en nuestra ciudad cree lo que cree por alguna razón. Y yo debo escuchar y comprender esas razones.

No le temo a la gente que no está de acuerdo conmigo en todo.

Trate a la gente como si le fuese a necesitar en un futuro

La primera página del diario del domingo en la mañana mostraba una enorme fotografía a todo color de mí persona en el auditorio de nuestra iglesia. Sobre mi cabeza había tres pantallas de diez pies de altura en las cuales nosotros proyectamos las letras de las canciones que cantamos y los anuncios de nuestras actividades. En las pantallas estaban los nombres de cada uno de los comisionados de nuestros condados. El titular del artículo era "La religión y la política".

El artículo nunca explicó por qué estaban los nombres de los comisionados allí en las pantallas. Pero sí habló en términos generales sobre la manera en que la religión estaba influyendo sobre la política. De manera que la impresión que daba el artículo era que yo era un activista político que utilizaba el servicio dominical para hablar a la congregación sobre los comisionados.

Pero lo que en realidad estábamos haciendo como congregación esa mañana del domingo era llenar nuestra lista de oración anual. En una página de esa lista necesitábamos llenar los nombres de los comisionados de condado. Así que hice que se proyectaran los nombres en las pantallas para que la gente pudiera copiarlos.

En el mismo instante en que el periódico salió a la calle, las oficinas del periódico comenzaron a recibir respuestas. Primero, recibieron respuesta de la gente que había asistido al servicio y sabía para qué estaban allí esos nombres; luego, de personas de la ciudad que tenían algún tipo de relación conmigo o con la iglesia. Fue alentador saber que la comunidad judía, la comunidad católica, y la comunidad protestante tanto liberal como conservadora defendieron a la iglesia Vida Nueva. El mensaje de todos ellos fue: ¡Lo que ustedes dijeron de Vida Nueva no es cierto!

El miércoles publicaron una nota retractándose.

Ejercite la sabiduría

El hablar respetuosa y consideradamente acerca de otros nunca nos hará daño. La actitud de Jack Hayford hacia John MacArthur es una bendición del cuerpo de Cristo. (Jack es carismático y John es anticarismático.) Pero si Jack comenzara a decir cosas negativas de John, saldría perjudicado todo el cuerpo de Cristo.

No estoy diciendo que debemos ser criaturas débiles de carácter y temerosos de tomar un posición firme. No creo que ni Jack Hayford ni John MacArthur sean débiles de carácter. Ellos mantienen sus posiciones, pero son respetuosos.

De igual manera lo son la Iglesia Vida Nueva, la Iglesia Presbiteriana Village Seven y el Templo Shalom. Yo soy un carismático arminista. No acepto toda la teología reformista y creo firmemente que Jesús es el Mesías. Al mismo tiempo, respeto la teología reformista y amo a mis amigos judíos.

Sólo hágalo

En Colorado Springs había una pequeña iglesia fundamentalista que era muy exclusiva. Sus anuncios publicitarios del periódico decían: "Sólo utilizamos la antigua versión King James. No somos carismáticos". Durante años ellos enseñaron que nadie podía nacer de nuevo si no utilizaba la antigua versión King James y que las otras versiones de la Biblia y las otras iglesias eran prostitutas del mundo.

Entonces esta congregación se encontró en medio de una batalla en relación a una librería de pornografía que iban a poner al lado de la iglesia. Ellos ganaron, pero gastaron una fortuna en honorarios legales.

En medio de la batalla, varias veces intenté llamar al pastor, pero nunca estaba disponible. Entonces un día cuando llamé, le dije a la secretaria que yo quería ayudar con los gastos legales. El pastor me llamó diez minutos después. Le pregunté cuánto debían aún y le dije que la Iglesia Vida Nueva enviaría a su iglesia la cantidad necesaria para pagar la deuda.

El estaba muy complacido.

Nunca he hablado con este hermano sobre los textos antiguos y las traducciones modernas, pero he oído que ya no predica que la antigua versión King James es la única Biblia que Dios puede usar para hablar a la gente.

Nunca he hablado con este hermano sobre el dispensacionalismo cesacionista y su contraste con la teología carismática, pero ya no enseña que la gente que habla en lenguas está endemoniada.

Nunca he hablado con este hermano sobre las diferentes expresiones culturales del cuerpo de Cristo, pero ya no enseña que la manera en que su iglesia adora es la única forma correcta de hacerlo.

Creo que este pastor se debe haber sentido como si nunca hubiese tenido amigos en la comunidad cristiana, hasta que hicimos un gesto concreto de amistad. Cuando se dio cuenta de que los demás de la comunidad cristiana lo aceptaban, cambió su actitud.

Hace poco yo estaba en un restaurante cuando un hombre se acercó a mí. "Usted es el pastor de la Iglesia Vida Nueva, ¿verdad?" Yo asentí y luego él me dijo con una gran sonrisa: "Sólo quería que supiera que fui a su iglesia a ver la obra 'Las puertas del cielo y las llamas del infierno'. Tiene usted una gran iglesia".

Justo antes de irse mencionó casualmente el nombre de la iglesia donde él asistía, la misma pequeña iglesia que solía utilizar solamente la antigua versión King James y que era anticarismática.

Guerra espiritual

Pablo dice que las fortalezas son "argumentos" y "toda altivez" que obran contra Cristo y deben ser derribadas por medio del poder divino (2 Corintios 10:4-5). En otras palabras, las fortalezas son ideas, pensamientos o puntos de vista mundanos que la gente tiene.

El apoyo de palabra y de acción hacia otros rechaza los intentos demoníacos de levantar fortalezas en nuestra mente contra otros miembros del cuerpo de Cristo. Cuando decimos cosas buenas de los demás y hacemos cosas buenas hacia los demás, estamos utilizando armas espirituales que pueden derribar las fortalezas demoníacas y mundanas. Cuando la gente se compromete a bendecir a los demás, ni el mundo ni el diablo tienen el poder para envenenar sus relaciones. La división, el territorialismo, la amargura, el odio y los celos no pueden avanzar ni un solo paso. Como resultado, el Espíritu Santo tiene más oportunidad de edificar una fuerte coalición en el cuerpo de Cristo que puede producir un impacto significativo en nuestras comunidades.

Generalmente no se ve a la guerra espiritual en esos términos. Nos involucramos en una guerra espiritual mientras oramos, y eso es efectivo. Pero hay otras maneras de hacer guerra espiritual, y es por medio de nuestros estilos de vida.

La Guerra del Estilo de Vida

Siete puntos resaltantes

Nueve

Viviendo en el árbol de la vida

Punto N° 1

Un domingo en la mañana, después que di una enseñanza sobre guerra espiritual, un agradable joven se acercó a mí después del servicio para hablarme.

"Pastor Haggard", me dijo, "¿cree usted que la guerra espiritual puede ayudarme con la pornografía?"

"Por supuesto", le respondí.

"Me alegra que diga eso", contestó. "Yo lucho con la pornografía. Pero cada vez que estoy en una tienda de libros para adultos viendo una película, yo reprendo las fortalezas de pornografía en el nombre de Jesús. De esa forma, los demonios no pueden aprovecharse de mí".

Ese muchacho estaba equivocado.

La guerra espiritual no siempre es solo una oración que sale de los labios. Para este hermano, la guerra espiritual habría sido evitar ir a la tienda de libros para adultos y buscar a otros creyentes que lo ayudasen a mantenerse puro. El acto de ir a un lugar bueno y evitar el lugar malo constituye mucho más una guerra espiritual que decir una oración.

La guerra del estilo de vida

La guerra espiritual va mucho más allá de las palabras que decimos, aunque éstas son esenciales. La guerra espiritual también ocurre cuando:

- decimos la verdad en lugar de una mentira
- escogemos permanecer fieles a nuestro cónyuge
- protegemos a nuestros hijos
- animamos en vez de juzgar
- sonreímos en vez de fruncir el ceño
- tratamos a la gente con respeto
- servimos en vez de controlar

A estas acciones yo las llamo *la guerra del estilo de vida* para recordarme a mí mismo que la guerra espiritual comienza en la oración, pero no termina allí. Estoy absolutamente convencido de que la guerra espiritual no ocurre solo en nuestras habitaciones de oración, sino también en la manera en que demostramos el carácter de Cristo en nuestro diario vivir.

Este principio de la guerra del estilo de vida vino a mi mente mientras yo pensaba sobre las metas de la guerra espiritual, las cuales son:

1. Estimular la actividad del Espíritu Santo

2. Obstaculizar la obra de Satanás

¿Qué sucede cuando usted elige tomarse una bebida gaseosa en lugar de una cerveza? Usted está abriendo su corazón al ministerio del Espíritu Santo y eliminando las oportunidades demoníacas.

¿Qué sucede cuando usted pasa largos ratos edificando las relaciones con sus hijos? Usted está abriendo corazones al ministerio del Espíritu Santo y eliminando las oportunidades demoníacas.

¿Qué sucede cuando usted honra a su jefe en el trabajo? Usted está abriendo corazones al ministerio del Espíritu Santo y eliminando las oportunidades demoníacas.

La guerra del estilo de vida hace cuatro cosas:

1. Proporciona oportunidades al ministerio del Espíritu Santo.

2. Bloquea la oportunidad satánica.

3. Nos otorga el derecho de ser escuchados en la comunidad no cristiana.

4. Impide que la gente de su ciudad vaya al infierno.

La guerra del estilo de vida reforzó las oraciones que se hacían por Colorado Springs.

¿Qué se habría logrado si oramos por la gente utilizando la guía telefónica pero no hubiésemos sido respetuosos de nuestros vecinos? La gente no hubiese sido tan abierta al evangelio porque no tendríamos el derecho de ser escuchados.

¿Qué se habría logrado si derribamos una fortaleza de control pero nos rehusamos someternos a las autoridades delegadas por Dios? La fortaleza se habría restablecido.

¿Qué bien habríamos hecho orando para que el reino de Dios se extendiera más en Colorado Springs si los cristianos de allí fuesen conocidos por no pagar sus cuentas? La gente ya no hubiese querido más de ese reino.

Por favor, no me malinterprete. Creo que esa comunión con Dios y la confrontación del poder maligno en oración son esenciales para cambiar el clima espiritual de una ciudad. Pero sé que son mucho más efectivos cuando van acompañados por la guerra del estilo de vida.

Creo que es como usar una lanza. La oración (guerra espiritual) es la punta de lanza y la guerra del estilo de vida es el cuerpo o la vara de la lanza. Lanzar sólo la punta de lanza no es muy efectivo. Ni tampóco lo es sólo lanzar la vara. Pero si se usan las dos cosas juntas, se tendrá un arma poderosa.

En los siguientes siete capítulos, describiré siete puntos resaltantes de la guerra del estilo de vida. Usted descubrirá otros a medida que reconoce el impacto que tienen sus acciones en el mundo espiritual.

Viviendo en el árbol de la vida

Estaba yo realizando una caminata de oración en el centro de Colorado Springs con el ministerio de música de nuestra iglesia, Ross Parsley, cuando llegamos a un extraño edificio. La puerta principal parecía que nunca hubiese sido usada, y las ventanas estaban cubiertas. Entonces fuimos por la parte de atrás y hallamos la entrada y un estacionamiento lleno de autos.

Había un hombre sentado cerca de allí, así que le preguntamos qué tipo de negocio había en ese sitio. El hombre nos dijo que era un bar para homosexuales y nos preguntó si queríamos entrar al sitio con él. Después de una amistosa discusión, declinamos su ofrecimiento y continuamos caminando y orando discretamente por el bar y por las personas que estaban allí dentro.

Dos días después, yo iba hacia una reunión con un hombre que asiste a la iglesia. De camino, tuve que pasar por la intersección donde está ubicado el bar y me preguntaba cuántos autos habría en el estacionamiento del bar durante el día. Para mi sorpresa, mientras pasaba frente al dicho estacionamiento, vi salir de allí a un hombre que asiste a mi iglesia. Detuve mi auto rápidamente y lo llamé. El me vio. Inmediatamente bajó la mirada hacia el pavimento y volteó la cabeza hacia un lado avergonzado. Le dije suavemente: "Hermano, te amo y Jesús me envió aquí a rescatarte".

Estalló en llanto. Después de subir a mi auto y orar juntos, llamé a la oficina de consejería de la iglesia desde el teléfono de mi auto y fijamos una cita para él inmediatamente.

Cuando vi a este hermano salir del bar de homosexuales, pude haberme acercado a él en una de las dos siguientes maneras: desde el árbol de la vida o desde el árbol del conocimiento del bien y el mal. Si lo hubiese hecho desde el árbol del conocimiento del bien y el mal, habría dicho algo severo como: "Estoy decepcionado de ti. ¿Desde cuándo tiempo has estado así? Estás viviendo en pecado y necesitas arrepentirte". El hubiese estado herido, enojado y a la defensiva, y probablemente se amargaría. Mis palabras lo hubiesen endurecido, no hubiese aceptado la redención y hubiese sido negativo para cualquier cristiano el ministrarle.

En vez de eso, le hablé desde el árbol de la vida: "hermano, te amo. Jesús me envió aquí para rescatarte". No condoné lo que él estaba haciendo ni mostré antipatía por su proceder. Sencillamente le ofrecí una vía de escape. Mi propósito fue el de restaurarlo a la vida, no pronunciar un terrible juicio por sus acciones.

El fue fiel al seguir el consejo y desde entonces no ha caído en ese tipo de tentación.

La elección en el jardín

En el jardín del Edén, Adán y Eva pudieron elegir entre el árbol de la vida y el árbol del conocimiento del bien y el mal. Día tras día ellos vivían en la vida de Dios, hasta que la serpiente vino a Eva y la tentó. Ella eligió el conocimiento del bien y del mal, y su esposo hizo lo mismo (Génesis 2:16-17; 3:1-24). En vez de elegir la vida, escogieron la muerte.

Cada día tenemos que elegir entre el árbol de la vida y el árbol del conocimiento de Dios.

Vivir en el árbol de la vida significa hacer elecciones que conduzcan a la vida, en nuestra vida y en la vida de los que nos rodean. Vivir en el árbol del conocimiento del bien y el mal significa hacer elecciones basadas en lo que está bien y lo que está mal, lo cual conduce a la muerte en nosotros y probablemente en aquellos que nos rodean.

Cuando era joven, nunca pude entender por qué hay buenos cristianos que pueden ser tan mezquinos. O por qué hay justos que son tan malhumorados. O por qué hay iglesias que pueden ser tan correctas en su doctrina y tan desagradables contra otras; hasta que aprendí la diferencia entre los dos árboles.

Usted puede leer la Biblia desde el punto de vista del árbol de la vida y hallar redención, sanidad, confianza y paz y vivir como una persona en quien se evidencie el reino de Dios.

O también puede leer su Biblia desde el punto de vista del conocimiento del bien y el mal y convertirse en legalista y condenar a todo el que no está de acuerdo con usted. Desafortunadamente algunos no tienen una visión correcta de la Biblia y utilizan la Palabra de Dios como un arma nociva de tiranía en la vida de otras personas y también en su propia vida.

Por ejemplo, digamos que desde el punto de vista del árbol del conocimiento del bien y el mal usted decide leer su Biblia todos los días por que es bueno hacerlo. Después de todo, la Biblia dice que debemos sembrar la Palabra en nuestro corazón. Entonces usted lee su Biblia todos los días, pero se vuelve arrogante por ello. Luego usted encuentra a alguien que no lee la Biblia todos los días y le dice: "Debes leer la Biblia todos los días. Si en verdad fueses un buen cristiano, la leerías todos los días".

Pero leer la Biblia todos los días desde el punto de vista del árbol de la vida es algo completamente diferente porque su propósito es diferente. Usted dice: "Me encanta leer la Biblia cada vez que tengo una oportunidad. La vida de Dios fluye dentro de mí cuando leo mi Biblia. Hace que yo quiera orar más, y eso me hace querer leer más mi Biblia. Te diré algo, ¡la Biblia es lo mejor que he hallado!"

Entonces cuando alguien le dice que no lee su Biblia todos los días, usted le dice: "Hermano, tienes que descubrir ese libro. Es un libro maravilloso, es un libro vivificante; es un libro liberador. Este libro te dice cómo tener un excelente matrimonio y cómo tener un buen negocio, cómo tratar a la gente y cómo perdonar a las demás personas. La Biblia es lo mejor".

Vivir de acuerdo al árbol de la vida significa que usted vive de una manera que le da vida a usted y a los demás. Usted hace lo que la Biblia dice y sirve a los demás con gozo. Tiene una actitud de gratitud por la vida de Jesús.

Elegir el árbol del conocimiento hace que usted filtre todo a través de un sistema de valores que juzga lo que es bueno y lo que es malo. Obviamente usted no puede hallar Su vida sabiendo lo que es bueno y malo. Si usted es un experto en lo que es bueno, se juzgará a sí mismo y a los demás tan duramente que morirá. Si usted es un experto en el mal, la corrupción entrará furtivamente en su corazón y le matará. El conocimiento del bien y el mal siempre tiene el mismo resultado: la muerte. Por eso es que Jesús quiere que escojamos Su vida.

Preparados para ser rescatados

Jesús quiere que nosotros tengamos iglesias donde El pueda rescatar a la gente. Quiere que nosotros seamos salvavidas, no árbitros.

Cuando Jesús estaba enseñando en el templo, los fariseos trajeron a una mujer que había sido hallada cometiendo adulterio. Los fariseos querían que ella no pecara más. Para ellos, eso significaba juzgar su pecado y darle lo que se merecía de acuerdo a la ley: morir lapidada. Jesús también quería que ella no pecara más. Pero El le ofreció vida para que pudiera vivir en justicia.

Tanto Jesús como los fariseos estaban tratando de lograr lo mismo. Pero uno conducía a la vida y los otros a la muerte.

Muchas personas que están viviendo en el árbol del conocimiento del bien y el mal creen estar haciendo lo correcto para Dios. Pero pueden perder de vista la escena completa y la meta definitiva de morar en, y manifestar, la vida de Dios. Veo que esto sucede todo el tiempo con los niños que están en crecimiento.

Entrenando a los niños en el árbol de la vida

La mayoría de los padres cristianos aprecian mucho la misericordia de Dios y viven en el árbol de la vida. Pero a la hora de criar a sus hijos, utilizan un sistema de valores basado en el conocimiento del bien y el mal. Y de esa manera crían a sus hijos, y sus hijos se sienten agraviados por ello; a menos que los hijos finalmente lleguen al árbol de la vida. Algunos lo hacen, pero no tantos como quisiéramos.

Conozco a una pareja maravillosa que tenía dos hijos fáciles de educar. Tenían una hija de carácter fuerte y no sabían qué hacer con ella. Trataban de mantenerla a raya con su conocimiento del bien y el mal, pero ella se rebelaba. No fue sino hasta que estuvo en un programa cristiano de rehabilitación que sus padres se dieron cuenta de cómo habían criado a su hija en el árbol del conocimiento del bien y el mal, pero nunca la habían dirigido al árbol de la vida. Ahora están muy agradecidos de haber descubierto, tanto ellos como su hija, la vida de Dios en vez de un conjunto de normas religiosas.

Las Escrituras dicen: "Instruye al niño en su camino, y aun cuando fuere viejo no se apartará de él" (Prov. 22:6). "En su camino" no se refiere a nuestra comprensión del bien y el mal. En vez de ello, los caminos de los niños son estilos de vida que conducen a la vida; entonces así no se apartarán de ellos.

Amargura y perdón

Cuando la gente está enojada o amargada y vive con falta de perdón, ha entrado en el árbol del conocimiento del bien y el mal. Han hecho un juicio sobre una situación difícil y han decidido quién era bueno y a quién culpar.

El estar en lo cierto no necesariamente conduce a la vida. De hecho, estar en lo cierto es prácticamente irrelevante y algunas veces contraproducente y le está envenenando, haciendo que usted se vuelva amargado o destruyendo su libertad de oración. De manera que usted puede estar en lo cierto –hasta la muerte.

Después que Adán y Eva comieron del fruto del árbol del conocimiento del bien y el mal, la vergüenza hizo que se culparan el uno al otro. Adán dijo que la culpa era de Eva. Eva dijo que la culpa era de la serpiente. Ellos desplazaron inmediatamente su responsabilidad personal y se escondieron de su mejor amigo, Dios. Eso es exactamente lo que nos sucede hoy en día si reaccionamos ante las circunstancias basándonos en el árbol del conocimiento; terminamos culpando a los demás por nuestras fallas y escondiéndonos de Dios.

Cada vez que comenzamos a culpar a los demás por nuestras acciones o nuestras situaciones, en realidad estamos declarando el señorío de ellos en nuestra vida. Cuando culpamos a los demás, estamos diciendo: "Dios Tú ya no estás a cargo de mi vida. Quien está a cargo es Eva, o la serpiente, o mis circunstancias, pero Tú no".

Cuando usted dice: "No puedo concentrarme cuando oro. Cada vez que trato de orar, pienso en Jorge y los treinta mil dólares que me robó. Lo odio", también podría decir: "Jorge es mi señor". Usted ha abdicado a la autoridad en su vida a favor de alguien que ha actuado mal con usted. Mentalmente, usted se ha hecho víctima.

Si usted está en este tipo de situación con alguien o con algo, regrese al árbol de la vida antes de que el conocimiento del bien y el mal lo mate. El árbol de la vida dice: "Perdónalos. Olvídalos. Confía en el Señor". Puede que usted aún necesite tomar alguna acción, pero debe hacerlo con un corazón puro. Si no tiene un corazón puro, sería mejor ser agraviado que tomar alguna acción. ¿Por qué? Porque el perdón y la confianza en el Señor le traerá vida a usted y a los que le rodean.

Cuando usted escoge al árbol de la vida y rehusa ser controlado por el conocimiento del bien y el mal, desorienta las estrategias del enemigo. Ellos no pueden manipular las reacciones que vienen del árbol de la vida, por lo tanto no pueden desarrollar situaciones que le puedan controlar y distraer.

De hecho, también le quita poder a los enemigos humanos cuando usted vive en el árbol de la vida. Algunas personas intencionalmente tratan de que usted se enoje o se amargue. Con frecuencia ellos quieren que nosotros odiemos a sus enemigos junto con ellos. Pero cuando elegimos quedarnos en el árbol de la vida, nos mantenemos libres del control del mal.

A menudo hablo con personas que han sido agraviadas y a veces con personas que explican por qué hieren a otras personas. Ambas partes quieren mi apoyo, pero yo he decidido que nunca asumiría las ofensas de otra persona. Más aun, si estas personas comienzan a amargarse, la condición de su corazón se vuelve más amenazadora que su agravio original. Por eso Jesús habló de poner la otra mejilla, caminar una milla más o dar también la capa.

La justicia no demanda que nosotros protejamos la vida de Dios en nuestro corazón. La justicia dice, en cambio: "Defiende tu posición. Gánale a tu enemigo. Prueba que estás en lo cierto. ¡Gana!" En cambio, la vida crece en la misericordia y el perdón. Dios sabía que el conocimiento del bien y el mal nos mataría, así que debemos elegir conscientemente acciones que fomenten la vida.

Como cristianos, sólo tenemos un enemigo, y es el diablo. Ningún ser humano sobre la tierra es nuestro enemigo. Si estamos convencidos de que hay alguien que es nuestro enemigo, debemos amar a esa persona, perdonarla, orar por ella y ser amables y amorosos con esa persona para que Satanás no pueda poner sus garras sobre nosotros.

La guerra del árbol de la vida

El vivir en el árbol de la vida es una guerra del estilo de vida. Se derriba al reino de Satanás y se promueve el reino de Dios con cada decisión que tomamos.

¿Por qué alabamos a Dios?

Porque estimula Su vida en nuestra vida.

¿Por qué vamos a la iglesia? ¿Por qué tratamos a la gente con amabilidad? ¿Por qué perdonamos? ¿Por qué ponemos la otra mejilla? ¿Por qué damos diezmos y ofrendas? ¿Por qué cuidamos a los pobres? ¿Por qué rechazamos las ofensas?

Porque así estimulamos Su vida en nosotros y en la de los demás.

¿Por qué evitamos el odio? ¿Por qué evitamos la inmoralidad? ¿Por qué rechazamos las drogas?

Porque eso promueve la muerte en nosotros y en los que nos rodean.

Recuerde: en el árbol de la vida, debemos hacer las cosas que dan vida a las personas, incluyendo a nosotros mismos.

Finalmente, apliquemos el pensamiento del árbol de la vida a nuestra ciudad. Piense lo que sucedería si intentamos poner en práctica los cinco principios según el árbol del conocimiento del bien y el mal. Nos enojaríamos con nosotros mismos y con los demás cada vez que no lo hiciéramos bien. Estaríamos discutiendo todo el tiempo y echando la culpa a todo aquel que nosotros viéramos como "el problema". Como resultado, los cinco principios serían mucho menos efectivos para cambiar el clima espiritual del área.

Pero cuando vivimos los cinco principios desde el árbol de la vida, nuestro corazón no se entenebrece si cometemos errores. Eso es por causa de que nuestra motivación no es ejecutar los principios perfectamente. Nuestra motivación es sencillamente llevar vida a la gente que nos rodea.

Dios le dijo a Josué: "Os he puesto delante la vida y la muerte, la bendición y la maldición; escoge, pues, la vida" (Deuteronomio 30:19).

El resultado natural: La inocencia

La primera cosa que busco cuando pienso acerca de un nuevo miembro para el personal es la inocencia. Si una persona transmite inocencia, sé que entiende lo que es vivir en el árbol de la vida.

Jesús se refirió a la necesidad de tener un corazón inocente cuando dijo: "De cierto os digo, que si no os volvéis y os hacéis como niños, no entraréis en el reino de los cielos" (Mateo 18:3).

Jesús amaba la inocencia. El parecía estar rebosante de alegría cuando dijo: "Te alabo, Padre, Señor del cielo y de la tierra, porque escondiste estas cosas de los sabios y de los entendidos, y las revelaste a los niños. Sí, Padre, porque así te agradó" (Mateo 11:25-26).

¿Qué fue lo que agradó al Padre? Revelar las verdades espirituales a los humildes, que tenían un amor sencillo y de corazón hacia El. Estoy convencido que este versículo explica por qué hay tantos que tienen mucho conocimiento, pero en su vida carecen de la libertad y el poder que demuestren una unción genuina.

La inocencia infantil es fácil de identificar. Una risa espontánea, una sonrisa rápida, un perdón instantáneo y un brillo sano en los ojos marcan a aquellos que protegen su inocencia. Es fácil ser amigo de las personas inocentes. Y pareciera que los que comprenden la inocencia fácilmente cultivan amistades duraderas, una vida de oración efectiva y una unción especial del Espíritu Santo.

Pero las relaciones negativas y las injusticias del mundo están constantemente tratando de robar nuestra inocencia. Siempre están intentando que sintamos enojo, amargura, resentimiento, codicia y odio. Jesús sabía que Sus discípulos tendrían que enfrentarse a la maldad, al igual que nosotros. Así que las instrucciones que les dio incluían la protección de su inocencia cuando dijo: "He aquí, yo os envío como a ovejas en medio de lobos; sed pues, prudentes como serpientes, y sencillos como palomas" (Mateo 10:16).

¿Cómo se supone que debemos apropiarnos y mantener la inocencia?

1. Vivir en el árbol de la vida, no en el árbol del conocimiento del bien y el mal. Cuando tomamos nuestras decisiones y evaluaciones a partir de la perspectiva del árbol de la vida, la consecuencia natural es la inocencia. Cuando entendemos que Dios da gratuitamente, el siguiente beneficio natural es la operación del fruto y los dones del Espíritu.

2. Caminar en el perdón. Todos nosotros tenemos la oportunidad de ser heridos, rechazados u ofendidos cada día. Si dejamos que esos eventos nos causen un resentimiento hacia los demás y pensamos en forma negativa de ellos, entonces ya no les podemos servir efectivamente ni presentarles el evangelio. Yo creo que debemos perdonarlos cada semana, y a veces cada día, para que nuestra inocencia permanezca dominante en nuestra vida.

3. Discernir cuál es la raíz de amargura y rechazarla a todo costo (Hebreos 12:15). La gente se vuelve amargada por una razón, pero esa razón nunca es tan terrible como la amargura que la sigue. Ya sea que haya amargura creciendo en nosotros o sea en alguien que conocemos, debemos asegurarnos de que sea tratada inmediatamente. Para proteger mi inocencia, yo nunca me apropio de la amargura de otra persona. Para ello, no dejo que las personas hablen conmigo si están intentando hacer que yo sienta amargura junto con ellos. Yo oro con ellos, pero si ellos insisten en guardar su amargura, yo trato de redirigirlos hacia un curso de acción positivo. Si eso no funciona, entonces debo reconsiderar la cercanía de nuestra relación hasta que puedan olvidar.

4. Permita que el amor cubra los pecados de los demás. El amor significa que haremos lo que es mejor para la otra persona en vez de hacer lo mejor para nosotros. Muchas veces, para poder mantener nuestra vida y la vida de los demás en el árbol de la vida, debemos dejar obrar al amor porque "el amor cubrirá multitud de pecados" (1 Pedro 4:8) y "no guarda rencor" intencionalmente" (1 Corintios 13:5). He descubierto que la mejor manera de hacer eso es estar dispuesto a olvidar las fallas o los problemas de los demás, estar dispuesto a orar por las situaciones y nunca hablar con los demás sobre ellas y sencillamente no meterse en los asuntos de los demás. En otras palabras, es mucho mejor actuar como si no supiéramos mucho, aun cuando hay veces en las que eso no es posible. Yo necesito entender que mi rol no es hacer que todos coincidan con mi comprensión de lo que es bueno o malo en ellos, sino que mi rol es mantenerme a mí y a ellos creciendo en el árbol de la vida, protegiendo así la inocencia de ambas partes.

5. Practique la guerra espiritual verbal. Durante el tiempo de oración, es importante tener comunión con Dios y confrontar las influencias demoníacas. Yo creo que el atar y desatar es una factor importante para proteger la inocencia (Mateo 16:19). Por ejemplo, puede que usted necesite atar el egoísmo, la autocompasión, la codicia, la inferioridad y la arrogancia y desatar el amor, la preocupación por los demás, el dar, la confianza y la humildad. Enfrente las influencias demoníacas lo más pronto posible y desate el ministerio del Espíritu Santo. De esa manera, usted podrá vivir en el aliento que hay en la vida del Señor Jesús.

El enemigo odia que vivamos en el árbol de la vida y que protejamos nuestra inocencia. Su meta es seducirnos para que tomemos nuestras decisiones basándonos en nuestro conocimiento del bien y el mal, lo cual nos convierte en víctimas y hace que culpemos a los demás. Una vez que culpamos a otros por nuestras situaciones negativas, aquellos a quienes culpamos se convierten en nuestros señores y el enemigo ha alcanzado su meta: la muerte. En Cristo no necesitamos ser víctimas de ninguna manera, ni tampoco necesitamos convertir a nadie más en víctima. Pero si aceptamos que se nos convierta en una víctima, la consecuencia inmediata es ser dominado por la naturaleza pecaminosa; el mundo y probablemente las influencias demoníacas consumirán nuestra vida.

La vida es mejor que el conocimiento del bien y el mal.

La inocencia es mejor que convertirse en víctima.

El ministerio del Espíritu Santo es mejor que los actos de la naturaleza pecaminosa.

Hay un gran poder en la inocencia. Según Proverbios 21:8: "El camino del hombre perverso es torcido y extraño; mas los hechos del limpio son rectos". En la inocencia hallamos libertad para orar, para socializar con los demás y ministrar a cualquiera. La gente inocente no necesita evitar a los demás, esconder nada ni tampoco avergonzarse. En cambio, la inocencia fomenta la valentía, la vida, el gozo y la inspiración. La inocencia es siempre la consecuencia natural de un encuentro con la vida.

Para poder llevar a cabo nuestra primera prioridad, debemos tener la inocencia para trabajar con una amplia variedad de personas e instituciones. Así que para llevar a cabo nuestra primera prioridad, debemos escoger la vida y proteger nuestra inocencia. Entonces existe la oportunidad de impedir que la gente de nuestra ciudad vaya al infierno.

Diez

Practicar el perdón

Punto Nº 2

Nosotros vacilamos en perdonar cuando somos ofendidos porque estamos seguros que la otra persona está equivocada. El perdón no tiene nada que ver con quién tiene la razón y quién no. Ni tampoco significa que condona lo que esa persona hizo. Sencillamente significa que no dejamos que el pecado de otra persona nos afecte. El perdón evita que la acción de otra persona produzca heridas, actitudes erróneas o enfermedades en nosotros. El perdón es un resultado natural de vivir en el árbol de la vida. Nos trae vida a nosotros y a la persona a quien perdonamos. Pero el pasar la vida meditando sobre quién hizo mal y quién hizo bien sólo conduce a la muerte. La persona que hizo mal es condenada y la que hizo bien se siente víctima. Nadie gana.

Amargura

Cuando dejamos de perdonar, nos abrimos al odio, a la amargura, a la malicia, el resentimiento, los celos, el orgullo y una larga lista de otra clase de problemas. Una de las más destructivas de estas actitudes negativas es la amargura.

El libro de Hechos nos da una ilustración práctica de los efectos de la amargura. En Hechos 8:9-25, un hombre llamado Simón el mago, un ocultista, ofreció dinero a los magos para comprar el poder del Espíritu Santo. Después de que Pedro reprendió a Simón, él identificó el problema espiritual que tenía ese hombre: "En hiel de amargura y en prisión de maldad veo que estás" (Hechos 8:23).

Estas dos condiciones, la amargura y la maldad, siempre van de la mano. Por causa de su amargura, Simón no pudo entender la profundidad espiritual de lo que él vio a Pedro hacer: orar por la gente y recibir el bautismo del Espíritu Santo. Todo lo que Simón vio se distorsionó en su mente. Como resultado, no pudo comprender los eventos celestiales con claridad.

Lo mismo sucede hoy en día cuando alguien se vuelve amargado por la falta de perdón. A medida que la amargura lo hace cautivo del pecado, se hace imposible tener una clara perspectiva de la vida y de las realidades espirituales.

Enfermedad física

No creo que todo problema o toda enfermedad es consecuencia de un espíritu no perdonador. Pero las personas sí llegan a enfermarse en verdad por causa de la amargura y la falta de perdón. Consecuentemente, a veces ocurre una dramática sanidad después de confesar un resentimiento que se había tenido por mucho tiempo.

Cuando alguien nos agrede, debemos dejar a esa persona en manos del Señor y perdonarla para que podamos recibir libertad para crecer en Cristo y cumplir el plan de Dios para nosotros. Nuestros mayores intereses están en confiar en Dios, perdonar a otros y dejar que el Señor nos defienda.

Vida para los que nos rodean

Después que perdonamos a alguien que nos ofende, se abre la puerta para que el Espíritu de Dios obre en esa persona.

Un excelente ejemplo bíblico de este principio es Esteban y su actitud hacia los que lo estaban apedreando hasta la muerte. Esteban dijo: "Señor, no les tomes en cuenta este pecado" (Hechos 7:60). Esta actitud de perdón desató la gracia de Dios para que obrara en el corazón de las mismas personas que cometían la ofensa. Una de esas personas era un hombre llamado Saulo, el cual necesitaba desesperadamente esa gracia. Según la historia lo registra, la gracia de Dios transformó a Saulo en Pablo. La conclusión de esa historia que transformó al mundo es de todos conocida.

Este principio bíblico es importante que los creyentes lo entiendan. El cristiano ofendido debe dejar al que ofende en manos de Dios, porque de lo contrario la gracia de Dios no tendrá libertad de obrar en él. Confiar en Jesús como nuestro defensor constituye la verdadera fe.

Permítame darle una ilustración personal:

Hace varios años, una mujer de una iglesia cercana comenzó a esparcir rumores perniciosos y falsos acerca de mí. El efecto de sus chismes estaba llegando e impactando negativamente a la gente a quienes yo estaba tratando de ministrar. Ella era dulce y cordial frente a mí, pero cuando yo estaba ausente, ella decía calumnias sobre mi vida, mi trabajo y mis actividades.

Al pensar cómo enfrentar la situación, decidí que primero yo tenía que tener un corazón limpio. Cada noche, yo salía a caminar y le pedía a Dios que perdonara a esta mujer. A pesar de que estas historias cada vez eran peores y yo estaba profundamente ofendido, yo estaba decidido a estar limpio en mi interior antes de confrontarla. Así que continué mis declaraciones de perdón cada noche.

Entonces una noche, Dios derramó un perdón genuino a mi corazón. Por Su gracia llegué a amar verdaderamente a esta mujer. Yo ya no estaba involucrado emocionalmente con lo que ella decía. Yo estaba listo para tratar con ella cuando Dios abrió la puerta. Para mi asombro, una vez que la dejé en manos del Señor por medio del perdón, no tuve que confrontarla. Dios lo hizo por mí. Desde entonces, no he oído ni una palabra negativa de su parte hacia mí.

¡Jesús es nuestra defensa! ¡Jesús es nuestro protector! ¡Jesús es fiel!

Jesús también es el mejor ejemplo de un perdonador. Cuando todos nosotros le dimos la espalda mientras estaba El colgado en la cruz, El nos abrió la puerta a la gracia de Dios diciendo: "Padre, perdónalos" (Lucas 23:34).

Si deseamos abrir la puerta para que Dios influya sobre la gente de una manera poderosa, el perdón es el método más efectivo. Jesús lo enseñó, Pablo lo practicó y la experiencia lo demuestra. Perdone.

Mantener un corazón limpio

Jesús nos exhorta a no involucrarnos en conflictos ni discusiones personales sobre asuntos como dinero, casas, vestido u orgullo personal. ¿Por qué? Porque nuestro corazón no puede manejarlo. Tan pronto como nos enfrascamos en un debate personal con "enemigos", descubrimos que nuestras respuestas naturales a pelear, preocuparnos y amargarnos preceden a nuestra responsabilidad espiritual de librar a la gente de ataduras. Nuestra perspectiva cambia de lo eterno a lo temporal y nos arriesgamos a perder la victoria que Jesús proporciona.

Gracias a que Jesús entiende estas tendencias naturales, El nos da instrucciones específicas sobre la manera en que debemos tratar con nuestros enemigos. El dice: "Amad a vuestros enemigos... y orad por los que os ultrajan y os persiguen" (Mateo 5:44). ¿Por qué dijo El eso? Para que nuestro corazón se mantenga limpio. Por eso El nos dice: "Por tanto, si traes tu ofrenda al altar, y allí te acuerdas que tu hermano tiene algo contra ti, deja allí tu ofrenda delante del altar, y anda, reconcíliate primero con tu hermano, y entonces ven y presenta tu ofrenda" (Mateo 5:23-24).

Jesús también conoce la devastación que puede ocurrir en el corazón de una persona que está voluntariamente en un conflicto con otra persona por cosas que son temporales.

Ponte de acuerdo con tu adversario pronto, entre tanto que estás con él en el camino, no sea que el adversario te entregue al juez, y el juez al alguacil, y seas echado en la cárcel. De cierto te digo que no saldrás de allí, hasta que pagues hasta el último cuadrante" (Mateo 5:25-26).

Fíjese que el Señor no nos promete justicia si tenemos la razón. El no se preocupa por quién tiene la razón y quién no. En lugar de ello, El indica que la persona que escucha sus enseñanzas perderá y que la meta principal debe ser arreglar el asunto prontamente. Jesús sabe que estos conflictos son inútiles y que contaminan nuestro corazón. Si confiamos en El y obedecemos Su Palabra en relación a nuestros enemigos, podemos estar seguros que El nos defenderá.

El enemigo (Satanás) trabaja para producir odio en el corazón de los cristianos. Por causa de sus esquemas, debemos decidirnos a no dejar que otra persona arruine nuestras vidas haciendo que la odiemos. Si alguien tiene éxito en hacer que lo odiemos, hemos perdido nuestra inocencia y nuestra vida. Pero cuando

amamos a nuestros enemigos y oramos por los que nos
persiguen, bloqueamos el plan del diablo y abrimos la
puerta al ministerio del Espíritu Santo en nuestro
corazón así como también en las vidas de los demás.

El apóstol Pablo, citando el libro de Proverbios,
dijo: "Si tu enemigo tuviere hambre, dale de comer; si
tuviere sed, dale de beber, pues haciendo esto, ascuas
de fuego amontonarás sobre su cabeza" (Romanos
12:20). Contrario a la creencia popular, las "ascuas de
fuego" son bendiciones para la persona. El fuego era un
importante recurso en los tiempos de la Biblia. La gente
lo transportaba llevando brasas, y algunas veces las
cargaban en un recipiente que se colocaban sobre la
cabeza. De manera que amontonar ascuas, o brasas,
sobre la cabeza de alguien era dar un regalo valioso y
práctico como una expresión de amor.

Este punto probablemente fue demostrado mejor
por Jesús mismo. Cuando toda la humanidad se convirtió en su enemiga, aun así El le dio Su mejor regalo.
Y gracias a esta demostración de amor hacia Sus
enemigos nosotros podemos servir a Jesús hoy.

La oración efectiva

La efectividad de nuestra vida de oración está
estratégicamente vinculada con nuestras relaciones
con los demás. Jesús nos dijo: "Cuando estéis orando,
perdonad, para que también vuestro Padre que está en
los cielos os perdone a vosotros vuestras ofensas"
(Marcos 11:25). Con frecuencia, cuando las personas
están pasando por algún tipo de sufrimiento pierden su
deseo de orar. ¿Por qué? Porque instintivamente saben
que sus oraciones son obstaculizadas por su indispo-
sición o incapacidad para perdonar.

Existe solo una solución bíblica, y esa es perdonar.
La Palabra de Dios enseña claramente que no debemos
pelear esas batallas. El es quien lo hace. Pero para que
El pueda ser efectivo, debemos hacer esfuerzos decididos de obedecer Su Palabra, "Pues conocemos al que

dijo: Mía es la venganza, yo daré el pago, dice el Señor. Y otra vez: El Señor juzgará a su pueblo" (Hebreos 10:30).

El mismo pensamiento se repite en Romanos 12:19: "No os venguéis vosotros mismos, amados míos, sino dejad lugar a la ira de Dios; porque escrito está: Mía es la venganza, yo pagaré, dice el Señor".

Cuando una persona llega a ser cristiana, pierde muchos de sus derechos. Uno de ellos es el derecho a guardar rencor. Pablo escribe enérgicamente acerca de la pérdida de nuestros derechos: "Con Cristo estoy juntamente crucificado, y ya no vivo yo, mas vive Cristo en mí; y lo que ahora vivo en la carne, lo vivo en la fe del Hijo de Dios, el cual me amó y se entregó a sí mismo por mí" (Gálatas 2:20). Pablo revela aquí un secreto fundamental para la vida exitosa cristiana: morir a sí mismo.

Cómo perdonar

Muchas personas me dicen que les gustaría perdonar, pero que han sido heridos tan profundamente que no pueden perdonar. En tales situaciones, puede que sea necesario entrar en guerra espiritual contra las potestades demoníacas que pueden estar manteniéndole atado a la falta de perdón. (También hablo sobre este tema en mi folleto *Cómo tomar la autoridad sobre su mente, su hogar, su negocio y su país*.) En estos casos, usted debe resistir los espíritus demoníacos y las actitudes de falta de perdón, amargura, ira, decepción y otras influencias que lo vuelven a usted miserable. Los espíritus malignos pueden ser echados fuera, las actitudes pueden ser renovadas por la Palabra de Dios y el Espíritu de Dios tendrá libertad de obrar para obtener una verdadera victoria espiritual.

Cuando ore, declare perdón todos los días delante de Dios. Si hace esto continuamente durante un período de tiempo, la gracia de Dios atravesará esa dura

apariencia producida por la herida y le otorgará un
perdón genuino en su corazón.

Esfuércese por perdonar. No espere a que suceda
naturalmente, porque no sucederá. Usted debe tomar el
control en el nombre de Jesús. Cada vez que haga esto,
Dios honrará su obediencia y llenará su corazón de
perdón. Habrá una mayor libertad en su vida de oración
y el Señor desarrollará grandemente su potencial espiritual. Le recomiendo que estudie los siguientes versículos
de la Palabra antes de hacer la oración de perdón.

Marcos 11:25	Proverbios 25:21-22
Lucas 17:4	Mateo 5:44
Efesios 4:32	Mateo 7:1-2
Lucas 6:28	Levítico 19:18
Colosenses 3:13	Proverbios 20:22
Proverbios 24:17	Juan 20:23
Efesios 4:26-27	Efesios 5:1-2

Oración de Perdón

Padre celestial, en el nombre del Señor
Jesucristo, quiero hacerte una confesión.
En vez de amar a ciertas personas, estoy
resentido con ellas y tengo falta de perdón
en mi corazón hacia ellos. En obediencia
a Tu Palabra, yo reprendo al espíritu de
falta de perdón, de rebelión, de aflicción,
de pesar, de sufrimiento, de egocentrismo
y de orgullo y mando a todos los espíritus
vinculados a que quiten sus garras de mi
vida.

En el nombre del Señor Jesucristo yo
perdono en este momento a... (nombre a
todas las personas, vivas o muertas, que
le hayan decepcionado, ofendido o herido
de alguna manera. Padres, asegúrense de

perdonar a sus hijos, nombrando a cada uno, si le han herido por no haber cumplido con lo que usted esperaba de ellos. Además, perdónelos por ser desagradecidos y todo lo demás.) Yo desato a todas estas personas en el nombre del Señor Jesucristo.

Señor, te pido que los perdones a todos ellos también. Además, perdóname a mí por mis pecados y mis fallas y te pido que sanes mi espíritu herido. En el nombre de Jesús, amén.

Once

Ser un siervo

Punto N° 3

En el tiempo de Jesús, la nación judía vivía bajo el control de un contingente de romanos que ejercían un cruel dominio sobre los ciudadanos judíos. Estos controladores estaban, a su vez, bajo el dominio de unos cuantos individuos en Roma, y sobre estos individuos estaba finalmente una persona, César, el cual tenía poder e influencia enormes.

Este tipo de sistema de control es típico en la sociedad, desde el jardín hasta la junta directiva de una corporación. Se podría diagramar como se muestra en la ilustración 8.

Hay grupos de personas controlados por un grupo más pequeño de gente, el cual es controlado por un grupo aun más pequeño. Finalmente se llega a una persona que tiene una gran cantidad de poder sobre otras personas. Los discípulos de Jesús aceptaron este esquema de poder y pensaban que el seguir a Jesús les daba control sobre otras personas.

Ilustración 8

**El punto de vista del mundo
en relación al liderazgo**

Líder

Personas bajo el
control del líder

De hecho, discutieron sobre quién sería el mayor en el reino de Jesús. Jesús derribó sus pretensiones de poder cuando les dijo: "Si alguno quiere ser el primero, será el postrero de todos, y el servidor de todos" (Marcos 9:35).

Incluso la madre de dos de los discípulos entró en ese juego de poder. Ella fue hasta Jesús y le pidió que colocara a sus hijos en posiciones de eminencia con autoridad cuando El estableciera Su reino (Mateo 20).

Jesús le dijo que ella no sabía lo que le estaba pidiendo. Mientras tanto, los otros diez discípulos estaban indignados por la petición. Jesús respondió:

Sabéis que los gobernadores de las naciones se enseñorean de ellas, y los que son grandes ejercen sobre ellas potestad. Mas entre vosotros no será así, sino que el que quiera hacerse grande entre vosotros será vuestro servidor, y el que quiera ser el primero entre vosotros, será vuestro siervo; así como el Hijo del Hombre no vino para ser servido, sino para servir, y para dar su vida en rescate por muchos (Mateo 20:25-28).

Jesús frustró a los que querían que El ascendiera a la cima de la pirámide de "poder e influencia". La ilustración 9 representa la actitud de Jesús hacia la gente. El estaba preparando Su camino a la parte más baja para poder servir a la mayor cantidad de gente posible.

Cuando Jesús entró en Jerusalén, los judíos estaban convencidos que había llegado la hora en que El iba a vencer a las autoridades romanas y a los gobernadores judíos corruptos que habían cooperado con los romanos. Ellos corrían por las calles gritando: "¡Hosanna al Hijo de David! ¡Bendito el que viene en el nombre del Señor!" (Mateo 21:9).

Ellos sabían que El podía hacer milagros.

Ellos sabían que El hablaba bien.

Pero El no cooperó en la obra de derrotar a los poderes políticos de los romanos.

El no hizo ningún milagro durante su juicio.

El no dio ninguna respuesta brillante para vencer a las autoridades.

En vez de ello, El parecía sin poder y permaneció sin hablar.

El pueblo se volvió contra El y pidió Su crucifixión..

Cuando Jesús se entregó para ser crucificado, mucha gente estaba convencida de que El no era el rey que se había dicho que vendría. Pero El murió para servir a la humanidad. Después resucitó de entre los muertos y ascendió para sentarse a la diestra del Padre, donde está hoy, intercediendo por nosotros, sirviendo de nuevo, como Señor de todo.

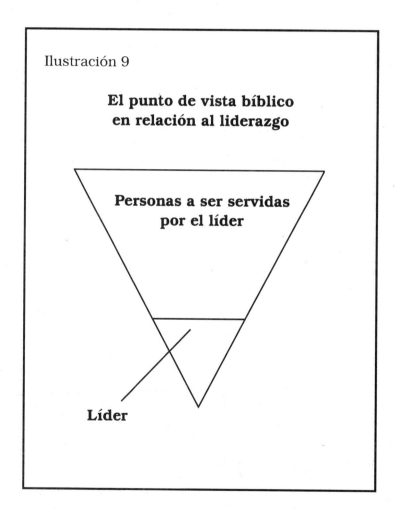

Ilustración 9

**El punto de vista bíblico
en relación al liderazgo**

**Personas a ser servidas
por el líder**

Líder

La actitud de Filipenses 2

Pablo entendió lo que Jesús expresó sobre el ser siervo: Para ser grande en el reino de Dios, se debe esforzar para servir a toda la gente que se pueda. El escribió lo siguiente:

Nada hagáis por contienda o por vanagloria; antes bien con humildad, estimando cada quien a los demás como superiores a él mismo: no mirando cada uno por lo suyo propio, sino cada cual también por lo de los otros.

Haya, pues, en vosotros este sentir que hubo también en Cristo Jesús, el cual, siendo en forma de Dios, no estimó el ser igual a Dios como cosa a qué aferrarse, sino que se despojó a sí mismo, tomando forma de siervo, hecho semejante a los hombres; y estando en la condición de hombre, se humilló a sí mismo, haciéndose obediente hasta la muerte, y muerte de cruz (Filipenses 2:3-8).

Para ser como Cristo, obedecemos para servir. A esto lo llamo la actitud de Filipenses 2.

¿Por qué oramos y ayunamos? Para obtener Su poder en nuestra vida para poder servir a los demás.

- ¿Por qué leemos la Biblia? Para crecer en El y saber cómo podemos servir a los demás.

- ¿Por qué vamos a la iglesia? Para adorarle junto con nuestros hermanos y así poder servir los unos a los otros y también a los que están perdidos.

- ¿Por qué damos diezmos y ofrendas? Para honrarle y demostrarle, de una manera tangible, nuestra preocupación por los demás.

- ¿Por qué oramos? Para tener comunión con El y enfrentar las maquinaciones del enemigo, y poder así ser una bendición para los demás.

- ¿Por qué nos jactamos del Señor? Para bendecir al Señor, fortalecernos a nosotros y animar a los demás.

- ¿Por qué vivimos vida santa? Para demostrar que Dios nos ha cambiado y obtener el respeto de los demás para que nos permitan servirles.

- ¿Por qué mantenemos nuestra palabra? Para reflejar la naturaleza del Señor y así los demás sabrán que somos auténticos, dándonos así la oportunidad de servirles.

- ¿Por qué somos fieles con nuestro cónyuge? Para que nuestro matrimonio refleje a Cristo y Su iglesia, lo cual nos abre la puerta para servir a otros.

- ¿Por qué necesitamos iglesias que crezcan? Para servir a otros.

- ¿Por qué necesitamos fondos? Para cuidar a otros.

La actitud de Filipenses 2 afecta todos los aspectos en la vida de una manera positiva y poderosa.

Los siervos cambian el corazón

La vida se llena de gozo cuando uno la ve como una oportunidad de servir a los demás. Tuvimos una invitada de fuera de la ciudad que se quedó con nosotros por una semana y media. Le pregunté qué pensaba de nuestra iglesia. Ella me dijo: "En verdad ustedes son muy buenos y amables los unos para con los otros".

"¿Por qué dice eso?" le pregunté.

"Bueno, cada vez que yo salía de las oficinas de la iglesia, alguien me preguntaba si quería algo de tomar. Cuando llegaba la hora del almuerzo o la cena, dos o más personas se ofrecían voluntariamente para llevarme a comer. La gente de su iglesia obviamente disfruta tratando bien a los demás, y eso me incluyó a mí".

Esa es la actitud de Filipenses 2.

Cuando las iglesias de Colorado Springs estaban participando en la campaña de anuncios del evangelio para Navidad, recibimos una llamada de una mujer ciega cuyo perro lazarillo acababa de morir. Ella le dijo al consejero telefónico: "No necesito la salvación tanto como necesito un perro nuevo".

Averiguamos el tipo de perro que ella necesitaba, fuimos a comprar uno y se lo llevamos a la semana siguiente. Yo creo que eso es lo que Jesús habría hecho. El asegurarse de que esa mujer recibiera un perro nuevo era el mejor sermón posible que ella podía haber recibido. Ella no oró con nosotros para recibir a Cristo inmediatamente, pero abrió su corazón cuando vio que había gente que cuidaba de ella en el nombre de Jesús.

El Ejército de Salvación, Compasión Internacional y todas las iglesias locales cuyos miembros llevan comida a familias en necesidad, que proporcionan transporte a las personas mayores o que cortan el césped de alguien que no puede hacerlo, muestran la mente de Cristo, la actitud de Filipenses 2.

En los diez años de historia de la Iglesia Vida Nueva sólo hemos tenido una pelea. No fue por el diseño de un edificio, por el liderazgo de una clase ni por el presupuesto. En vez de ello, fue entre dos mujeres que peleaban por una aspiradora. Las dos querían servir a la iglesia ese lunes por la mañana. Yo salí y compré otra aspiradora.

La armonía es algo poco usual porque el mundo nos entrena para tratar de controlar, manipular, proteger nuestro territorio y pelear por la cima. Pero cuando escogemos servir, confundimos las maquinaciones demoníacas porque nos hacemos imprevisibles.

A Satanás le encanta mentir a la gente diciéndoles que los cristianos no son mejores que los demás. El magnifica las fallas de los cristianos bien conocidos. Pero su mentira suena vacía cuando los no-creyentes

se ven siendo servidos por cristianos que no tienen
segundas intenciones, sólo un deseo de servir.

Esta actitud es obvia cuando uno se une para llevar
a cabo la primera prioridad en una ciudad. Un espíritu
humilde en la actitud de un siervo hace que los demás
tengan un corazón abierto hacia uno. Si su actitud
refleja su deseo de bendecirles y hacer que ellos tengan
éxito sin tener segundas intenciones ni una manipulación pecaminosa en mente, la gente le recibirá con los
brazos y el corazón abiertos. De manera que nos hacemos más efectivos cuando trabajamos hacia la parte de
abajo en lugar de hacia la parte de arriba.

Doce

Mostrar respeto

Punto Nº 4

Un cristiano en nuestra ciudad decidió que él quería fundar una iglesia en su casa después de que la iglesia Vida Nueva ya tenía un año funcionando.

El no consultó a sus vecinos ni mostró una actitud respetuosa hacia los que estaban en autoridad. En poco tiempo los vecinos comenzaron a quejarse del tráfico. Este hermano peleó con sus vecinos, peleó contra la ciudad y terminó en varios litigios legales tratando de defender a su iglesia.

Cuando se terminó toda esta batalla, abandonó la ciudad a media noche, enojado con las demás iglesias, con los miembros de su propia iglesia y con la ciudad. Este hermano pensó que estaba luchando sinceramente por algo que era justo, pero no ayudó a la comunidad secular en absoluto a comprender el evangelio. En cambio, hizo que fuese más difícil la expansión del reino de Dios.

Si este incidente hubiese ocurrido antes que nosotros comenzáramos con la iglesia Vida Nueva, probablemente mis vecinos habrían estado extremadamente cuidadosos y nunca me habrían dejado hacerlo. La consideración hacia los demás es un camino muy largo. No creo que se pueda sobrestimar el poder del respeto. Pero al decirlo, reconozco que no siempre es fácil ser respetuoso, especialmente en grandes conflictos.

La negación de David de irrespetar al rey Saúl, a pesar de que Saúl trataba de matar a David, es una excelente ilustración para todos nosotros. Más aun, Jesús demostró respeto hacia el gobierno romano pagando Sus impuestos, y Pablo se disculpó por no mostrar respeto al sumo sacerdote Ananías.

Aun en medio de las más difíciles luchas personales, el ser respetuoso para con los demás le ayuda a usted y a los demás involucrados en el conflicto a vivir en el árbol de la vida.

Actualmente, nuestra comunidad está tratando con un allanamiento del gobierno a una finca de muchachos cristianos cerca de Calhan, Colorado. A medida que pasa el tiempo, las autoridades van descubriendo que los alegatos contra nuestro ministerio eran falsos y que los empleados del servicio social con un celo excesivo violaron los derechos civiles del ministerio, de los padres y de los estudiantes.

Puede que haya muchos pleitos legales como resultado de una acción gubernamental innecesaria, pero yo estoy animando a todos los cristianos involucrados a que muestren respeto por la autoridad, sin importar quién tenga la razón.

Si los padres de los muchachos o el ministerio introduce alguna demanda, ésta debe ser simplemente para corregir un error gubernamental, y no para "estar a mano". Deben hacerlo de un deseo de corazón de servir a la comunidad, estableciendo un precedente legal que restrinja la autoridad del departamento de los servicios sociales. Pero si lo quieren hacer para demostrar su capacidad de ganar al servicio social de manera arrogante, entonces no estarían reflejando una vida cristiana.

Miles de oraciones sobre esta situación serían obstaculizadas si la gente involucrada directamente fuese irrespetuosa. Pero cuando ellos aceptan y practican el respeto hacia los demás, éste se convierte en una gran arma de guerra espiritual. Este le niega al enemigo la oportunidad de mostrar a los cristianos de una forma negativa y facilita el ministerio del Espíritu Santo.

Guerra espiritual

El respeto impide que el enemigo avance y fomenta los tipos de relaciones que pueden en verdad ganar terreno para el reino de Dios. Por lo tanto es una guerra espiritual.

Yo creo que debemos respetar las autoridades específicas que Dios ha delegado en cuatro áreas:

1. Familia

2. Trabajo

3. Gobierno

4. Iglesia

Creo que con demasiada frecuencia nuestras acciones niegan nuestras palabras y nuestras oraciones y además debilitan nuestra capacidad para llegar a nuestras ciudades. Nosotros creemos que lo más importante que hacemos como cristianos es tener buenos servicios en la iglesia. Pero si no entendemos el significado de asuntos tales como el poder del respeto, a la gente no le importará nuestros servicios. Ellos creerán que somos unos hipócritas a menos que tengamos una vida respetuosa.

La dinámica de la familia

Nuestra capacidad de fomentar las relaciones sanas dentro de nuestras familias es un indicador directo de nuestra relación con el Señor. 1 Timoteo 3:4 y 5 iguala los atributos de los ancianos a las actitudes y comportamiento de nuestros hijos, y en 1 Timoteo 5:8, Pablo escribe: "Porque si alguno no provee para los suyos, y mayormente los de su casa, ha negado la fe, y es peor que un incrédulo".

La dinámica de la familia

Nuestra capacidad de fomentar las relaciones sanas dentro de nuestras familias es un indicador directo de nuestra relación con el Señor. 1 Timoteo 3:4 y 5 iguala los atributos de los ancianos a las actitudes y comportamiento de nuestros hijos, y en 1 Timoteo 5:8, Pablo escribe: "Porque si alguno no provee para los suyos, y mayormente los de su casa, ha negado la fe, y es peor que un incrédulo".

En el hogar es donde aprendemos a mantener relaciones duraderas, lo cual es el deseo de Dios para Su cuerpo. La disciplina necesaria para mantener una familia sana es muy parecida a la que se requiere para construir la integridad dentro del cuerpo de Cristo.

La ética en el lugar de trabajo

Dios también ha puesto a la mayoría de nosotros en una posición donde debemos someternos a las autoridades dentro del lugar de trabajo. En 1 Timoteo 6:1 y 2 se habla acerca de la relación trabajador-patrón. La paráfrasis que he hecho de este pasaje permite una aplicación cultural: "Todo el que trabaja para alguien para ganarse la vida debe considerar a sus superiores dignos de todo respeto, para que así el nombre de Dios no sea injuriado".

Aquí la Biblia conecta directamente el respeto a nuestros "jefes" con el evangelismo. En otras palabras, La Biblia indica que los estilos de vida de los que se hacen llamar cristianos determinan la validez del mensaje que hay en la mente de los trabajadores y sus asociados.validez del gobierno

En 1 Timoteo 2:1-4, la Biblia es muy clara en relación a nuestra responsabilidad de orar por los que están en autoridad sobre nosotros.

Validez del gobierno

En 1 Timoteo 2:1-4, la Biblia es muy clara en relación a nuestra responsabilidad de orar por los que están en autoridad sobre nosotros. Al hacerlo, Dios hará que "vivamos quieta y reposadamente en toda piedad y honestidad" (v. 2). En Romanos 13:2, Pablo iguala nuestra actitud hacia las autoridades del gobierno con nuestra actitud hacia Dios: "De modo que quien se opone a la autoridad, a lo establecido por Dios resiste; y los que resisten, acarrean condenación para sí mismos".

Relaciones en la iglesia local

Yo creo que las relaciones en una iglesia son como las relaciones en una familia: se debe construirlas sobre la base del respeto y planear para que duren. Una de las más grandes fallas de las iglesias modernas es la manera en que animamos a los pastores a reubicarse de iglesia en iglesia cada tantos años. Entiendo que hay algunos beneficios, pero los costos son mayores. Nuestras iglesias locales existen para propósitos específicos, y esos propósitos dependen de la integridad de relaciones sanas y duraderas. Cuando mudamos a nuestros pastores con frecuencia, les negamos la oportunidad de aprender a través de relaciones duraderas. Y tanto la iglesia como el pastor adquieren la destreza de las relaciones cortas y superficiales, las cuales son en realidad contraproducentes. En la iglesia vemos los efectos a largo plazo de una vida respetuosa. Se espera que una familia que cría a sus hijos llevándolos a la iglesia, ellos se relacionarán con las mismas personas durante décadas. En este ambiente, aprendemos que las palabras dichas con ligereza, un comportamiento indisciplinado y una actitud altanera destruyen las relaciones duraderas. Pero cuando se practica el respeto, las relaciones duraderas se hacen naturales y la comunidad de la iglesia prospera fácilmente.

Gánese el derecho a ser escuchado

Dos hombres del Medio Oriente tienen una tienda de alfombras orientales aquí en Colorado Springs. Ambos son islámicos. Un día, mi esposa y yo fuimos a comprar unas alfombras, y nos hicimos amigos de ellos. Después de una larga conversación, ellos descubrieron que yo era un "sacerdote". Gracias a la decencia de nuestra conversación, ellos comenzaron inmediatamente a hacerme largas preguntas acerca de Dios. Estaban muy interesados.

Ahora nuestra amistad lleva más de un año, y cada vez que paso cerca de su tienda, me detengo allí y tenemos charlas muy amenas. Estoy seguro que estos hombres han desarrollado un gran respeto por el evangelio y por los cristianos. Puede que algún día los lleve a Cristo y los bautice, pero incluso si eso no sucede, siempre los respetaré.

Yo creo que la gente es como es por alguna razón y que mi rol como cristiano es tratarlos con respeto. Me digo a mí mismo que debo tratar a la gente como si tuviera que pedirles ayuda en el futuro (a pesar de que no planeo hacerlo). Todos son importantes, y cuando las personas son tratadas con dignidad, su corazón se abren al mensaje de nuestra vida.

Ore por los que tienen autoridad sobre usted, y después confíe en ellos

Le animo a que haga una lista de las personas que están en eminencia y que tienen autoridad sobre usted en cada una de las áreas señaladas anteriormente y ore por ellas regularmente. Además, haga una lista de las personas que están bajo su autoridad y que usted tiene la responsabilidad de proteger. Ore por ellos regularmente actuando como un fiel escudero de oración.

Luego comience a ver a todas las personas con las que usted tiene trato desde la perspectiva del respeto. Incluso si la situación parece negativa, trate a la gente con respeto. Con eso, los cinco principios tendrán una gran efectividad en su ciudad.

Trece

Cultivando el carácter

Punto N° 5

Todos nosotros hemos visto alguna vez el mensaje de evangelio siendo calumniado por causa de las acciones de alguien que se decía ser cristiano. Estoy seguro que muchas personas que han rechazado el evangelio no tienen realmente un problema con el evangelio sino con el carácter de las personas que lo proclaman.

La realización exitosa de nuestra primera prioridad descansa solo en parte en nuestros métodos de proclamar el evangelio o en nuestra vida de oración. Yo creo que su fundamento descansa en el hecho de ganarnos con éxito el derecho a ser escuchados gracias a nuestro carácter personal.

Varias veces al año, yo predico en la Iglesia Vida Nueva sobre el tipo de mensaje que enviamos a los no creyentes a través de nuestro carácter. Pablo dijo a los tesalonicenses: "Y que procuréis tener tranquilidad, y ocuparos en vuestros negocios, y trabajar con vuestras manos de la manera que os hemos mandado, a fin de que os conduzcáis honradamente con lo de afuera, y no tengáis necesidad de nada" (1 Tesalonicenses 4:11-12).

Pablo lo pone en términos muy prácticos aquí: Si los no creyentes no le respetan a usted, no le van a escuchar. Usted se gana el respeto de ellos por medio del carácter que uno muestra cada día.

Tengo una amiga que trabaja en una compañía donde hay muy pocos cristianos. El único cristiano en su departamento es un hombre cuyos hábitos de trabajo son excepcionales. El es respetuoso y agradable. Nunca es molestoso ni arrogante, sino colaborador y simpático. Gracias a su carácter se ha ganado el derecho a ser escuchado y a través de ello ha abierto la puerta para la expansión del reino.

Si pagamos nuestras cuentas a tiempo, dejamos buenas propinas a las camareras, servimos a nuestras familias fielmente, apoyamos a nuestras iglesias y perdonamos los rencores, los demás serán más abiertos hacia nosotros. Piénselo de la siguiente manera: Nuestro carácter puede ser un factor decisivo en la salvación de otra persona.

La Biblia relaciona el carácter con la guerra espiritual en Efesios 6, donde Pablo describe la guerra espiritual exitosa por medio del uso de la armadura de Dios. Cada pieza de la armadura apunta al carácter personal.

El cinturón de la verdad

Decir la verdad y usar un cinturón hacen la misma cosa: Mantienen cosas importantes de nuestra vida en su lugar correcto.

Al usar el cinturón de la verdad, no hacemos en privado lo que nos avergonzaría hacer en público. Quizás la forma más fácil de usar el cinturón de la verdad es vivir con el lema: "No existen los secretos".

Si desea guardar algo en secreto, no lo diga. Si quiere hacer algo y cree que ciertas personas nunca lo sabrán, no lo haga. Tan pronto como creemos que podemos pensar, decir o hacer cosas secretas, hay mayor oportunidades que el enemigo nos convenza de violar la Palabra de Dios. Después de todo, los mejores titulares de los periódicos son informaciones sobre personas que hicieron algo que pensaron que permanecería en secreto.

Cuando David se encontró con Betsabé "secretamente" y él mandó a matar a su esposo "secretamente", él nunca se imaginó que esos secretos serían discutidos abiertamente durante miles de años. Cuando Judas desarrolló un código "secreto" para identificar a Jesús con un beso, nunca se imaginó que ese código llegaría a ser el evento más resaltante de su vida.

Lo más probable es que José Stalin, Adolfo Hitler y Pol Pot hayan pensado que sus grandes logros públicos les retribuirían un lugar en la historia como grandes líderes. Pero en cambio, se les recuerda por sus actividades "secretas": el asesinato de millones de sus propios compatriotas.

Una cosa más sobre el cinturón de la verdad: No se refiere a que debemos decir todo lo que sabemos. La Biblia nos exhorta a utilizar la sabiduría y a hablar con prudencia, de modo que sería tonto decir todo lo que le pasa a uno por la mente. Nuestras palabras deben ser honestas, pero sabias.

Recuerde: No existen los secretos.

La coraza de la justicia

Hace varios años, un pastor amigo mío tenía que informar a tres niños que su padre había decidido divorciarse de su madre y que se había ido con otra mujer. Cuando los niños escucharon la desconsoladora noticia, quedaron tan decepcionados que se sintieron mal del estómago y vomitaron. ¿Por qué? Porque el padre quitó su coraza de justicia. Hizo que su propio corazón fuese vulnerable al engaño y, al mismo tiempo, hizo que el corazón de aquellos que confiaban en él y lo amaban se hiciera vulnerable.

El propósito de una coraza es proteger los órganos vitales de una persona de que sean dañados. La justicia protege el corazón de nuestros amigos y familiares de las heridas que serían causadas por nuestra injusticia. La justicia hace posible las relaciones duraderas y sanas.

Ninguno de nosotros vive una vida independiente. Nuestras decisiones afectan a los demás. Cuando uno de los miembros de un matrimonio es infiel, o un padre viola la inocencia de un niño, la herida que queda puede amenazar la vida espiritual.

Una de las maneras más fáciles en que el diablo puede ganar terreno en la vida de un creyente o de una familia es por medio de la falta de perdón, la amargura o el enojo. Estas reacciones son activadas por el dolor de actos injustos como traición, inmoralidad o alguna otra transgresión.

El vivir una vida justa no solo mantiene limpia nuestra conciencia, sino que también protege a nuestros seres amados en las generaciones por venir. Las bendiciones de la justicia y las consecuencias de las transgresiones a nuestros seres amados se extienden por generaciones.

Si nuestras relaciones no están arraigadas en la justicia, nosotros invalidamos nuestras propias oraciones. Nuestras oraciones y nuestro estilo de vida deben ir de la mano. ¿Por qué? Porque ambos son parte de la guerra espiritual; ambos obstaculizan la actividad demoníaca y proporcionan más oportunidades al Espíritu Santo.

Hace varios años una mujer me llamó muy emocionada para decirme que había llevado a sus vecinos al Señor y que todos irían a la iglesia al siguiente domingo. Cuando llegó el domingo, ella fue sola. Ella me dijo que el viernes en la noche ella y sus vecinos habían celebrado su recién obtenida salvación reuniéndose a beber; luego ella durmió con el esposo. La familia estaba muy enojada y no querían tener nada que ver con Dios, con la iglesia ni con ella. Lo más sorprendente era el hecho de que ella no entendía qué era lo que había salido mal.

Su falta de justicia contradijo tan fuertemente su testimonio que cualquier decisión positiva hecha por sus vecinos fue negada y ella hizo potencialmente mayor mal que bien.

Recuerde: Viva de tal manera que proteja el corazón de las personas.

Los pies calzados con el apresto del evangelio de la paz

Esta pieza de la armadura es sencilla. Debemos ir a los lugares a los cuales nuestro propósito en Cristo nos demande ir. Deje que sus "pies" estén dominados por el Espíritu Santo y obedientes a la Palabra de Dios, libres para ir donde el evangelio nos pida que vayamos.

El hecho de que nosotros decidamos ir o no a determinado lugar es una poderosa guerra espiritual para nosotros y para los demás. Cuando vamos a la iglesia, a un estudio bíblico o alguna otra actividad de ese tipo, somos fortalecidos en la santidad y, con nuestra sola presencia, fortalecemos a otros. Las caminatas de oración, los viajes de oración, visitar algún lugar agradable con la familia o disfrutar un partido de béisbol con sus hijos aumenta las oportunidades para que el Espíritu Santo pueda ministrar.

Por el contrario, si alguien visita a una prostituta, una tienda de libros para adultos, un bar o una reunión que promueve actitudes anticristianas, esa persona le está dando terreno al diablo en su vida personal y, simplemente por estar allí, anima a otros a cometer actividades pecaminosas. Cuando nos negamos al mantenimiento de nuestro hogar y evitamos a la familia

ir a las actividades de la iglesia, estamos en realidad
impidiendo la obra del Señor en nuestro corazón y en
el corazón de los demás.

Britt Hancock, el director de la intercesión del
Ministerio Libertad, y yo nos tomamos tres días para
orar y ayunar en el centro de Colorado Springs. Durante
ese tiempo, caminamos por el área del centro en caminatas de oración, haciendo un énfasis especial en los
edificios gubernamentales, las iglesias, las tiendas de
libros para adultos y los bares.

Cuando caminamos por los alrededores de muchas
de las tiendas de libros para adultos, nos sorprendimos
de que no sentimos mucha actividad demoníaca. Entonces nos dimos cuenta de cierto patrón: Cuando
había varias personas en esas tiendas, teníamos que
luchar espiritualmente mientras orábamos por ellas.
Pero cuando esas tiendas estaban vacías, parecía haber
muy poca resistencia.

La actividad demoníaca está a veces vinculada a
objetos inanimados y a lugares. Pero la meta principal
de todo el poder demoníaco es influir sobre la actividad
de la gente. De manera que llegamos a la conclusión
que la cantidad de personas en la tienda determinaba
la intensidad de la actividad demoníaca allí.

En cierta oportunidad, mientras caminábamos por
el estacionamiento de una librería para adultos, vimos
que había un auto con una calcomanía en el parachoques que identificaba al propietario como cristiano.
Dejé una nota en el carro ofreciendo ayuda al conductor
por si deseaba llamar. Esperamos discretamente unos
cuantos minutos para ver cómo recibía la nota.

Un joven que parecía ser un estudiante de preparatoria salió de la tienda y miró alrededor aprehensiva-
mente, obviamente sintiéndose culpable. Parecía avergonzado cuando leyó la nota en su carro; luego se subió
y se fue rápidamente.

Probablemente era un cristiano con una fuerte
lucha interna. Aparentemente no le gustaba lo que

estaba haciendo. Al estar en un sitio donde no debía estar, animaba a los espíritus malignos. Sus "pies" no estaban siendo guiados por el Espíritu.

He aprendido que después que hombres como éste pecan, pasan por largos períodos de culpa y remordimiento. Se arrepienten fervientemente y luego, después de cierto tiempo, repiten su pecado.

Este joven habría llevado a cabo su meta si hubiera orado con sus acciones además de hacerlo con sus palabras. El debió confesar su lucha a un hermano mayor y más fuerte y visitar un lugar diferente de esa tienda. El evitar ese sitio habría sido un acto más poderoso que un largo tiempo de oración antes o después.

Los lugares adonde escogemos ir y los lugares que evitamos tienen un significado espiritual directo. Algunas veces con nuestra presencia, poseemos lugares para el reino de Dios; otras veces, debemos evitar a toda costa ciertos lugares. Pero es importante que todo cristiano entienda `el principio del estilo de vida. El determinar concienzudamente hacia dónde nos llevan nuestros pies es parte de la guerra espiritual.

Recuerde: Deje que su propósito en Cristo determine adonde usted va.

El escudo de la fe

Durante los tiempos de oración y ayuno, el Espíritu Santo implantará en nuestro corazón Su visión para nuestra vida, nuestras familias y nuestras ciudades. Llevar el escudo de la fe significa que uno camina con tal confianza en la visión que Dios tiene para uno y para su ciudad que los fieros dardos del enemigo ni siquiera llaman nuestra atención.

Cuando mi teléfono suena los sábados por la noche y es alguien que me amenaza con matarme a la mañana siguiente durante el servicio dominical, yo desconecto el teléfono, me doy vuelta y me vuelvo a dormir. Cuando observo que hay intensas luchas espirituales dentro de nuestra congregación, sencillamente sigo orando, predicando la Palabra y amándolos –igual que lo hago normalmente– y permanecemos firmes en medio de la tormenta.

Hace menos de un año, uno de los conserjes de la iglesia llegó temprano un domingo por la mañana y halló evidencias que se había realizado actos de brujería justo frente a la puerta principal de la iglesia durante la noche. El sabía cual era mi forma de proceder en esos casos, así que oró calladamente, limpió el desorden y no me dijo nada hasta el miércoles. Nosotros oramos y hablamos, fuimos a almorzar y continuamos sirviendo a la gente y nunca le contamos a la congregación sobre ese incidente. ¿Por qué? Porque ello implica una distracción.

Durante uno de mis viajes fuera de la ciudad, mi esposa, Gayle, recibió muchas llamadas amenazadoras de un brujo local. La última que recibió la despertó de un profundo sueño a media noche. Incluía un largo y rítmico encantamiento que terminaba con la frase "Dile todo esto a Ted". Todavía atontada por el sueño, todo lo que se le ocurrió como respuesta fue: "¿Alguna otra cosa?" El que llamaba colgó con fuerza el auricular y ella volvió a dormir. Esa fue la última vez que ella supo de él.

El escudo de la fe frustra a nuestros enemigos espirituales porque aparentemente somos apáticos ante ellos; no les ofrecemos respeto. En realidad sí le damos la debida importancia y también a su influencia espiritual; pero cuando arremeten contra nosotros, nosotros levantamos nuestro escudo de la fe. (Por cierto, los "dardos" más efectivos de Satanás no necesariamente son las intimidaciones ocultistas. Estos pueden ser el agotamiento, el pecado, la pérdida de tiempo, enfocarse en las diferencias de la iglesia, tentaciones sexuales, etc.

Peleamos la buena batalla de la fe al fijar diligente, consistente y fielmente nuestros ojos en Sus huellas y siguiéndolas por amor de las almas perdidas de nuestra ciudad. Entonces, ninguna arma del enemigo es efectiva contra nosotros y hemos usado el escudo de la fe de Dios.

Recuerde: Al ser llenos de Su visión, no tenemos tiempo para distracciones.

El yelmo de la salvación

Los pensamientos preceden a las palabras y las palabras preceden a las acciones. Si una persona viola los principios de la Palabra en sus pensamientos, muy pronto sus acciones lo reflejarán.

El yelmo de la salvación constituye la disciplina de nuestros pensamientos según el patrón bíblico. Sometemos nuestros valores y nuestras opiniones a la Palabra de Dios y dejamos que Su transformación nos proteja de las estratagemas del enemigo.

Por eso es que los libros buenos son mejores que los libros malos, y las películas buenas mejores que las malas. Por ello también es que la meditación en la Palabra cambia nuestra vida. El yelmo de la salvación –los pensamientos que las personas "salvas" deben tener– aumenta las oportunidades para que el Espíritu Santo pueda usarnos y frustra los planes del enemigo. Es un estilo de vida en guerra espiritual.

Pablo escribió a la iglesia de Filipos: "Por lo demás, hermanos, todo lo que es verdadero, todo lo honesto, todo lo justo, todo lo puro, todo lo amable, todo lo que es de buen nombre; si hay virtud alguna, si algo digno de alabanza, en esto pensad" (Filipenses 4:8).

En su carta a los Romanos, de nuevo enseña la importancia de pensar de acuerdo con el plan de Dios: "No os conforméis a este siglo, sino transformaos por medio de la renovación de vuestro entendimiento, para que comprobéis cuál sea la buena voluntad de Dios, agradable y perfecta" (Romanos 12:2).

Así que, para ponernos el yelmo de la salvación, aprendemos la Palabra de Dios y pensamos según Su plan. En Romanos 8:5-7, Pablo escribe: "Porque los que son de la carne piensan en las cosas de la carne; pero los que son del Espíritu, en las cosas del Espíritu. Porque el ocuparse de la carne es muerte, pero el ocuparse del Espíritu es vida y paz. Por cuanto la mente carnal es enemistad contra Dios; porque no se sujeta a la ley de Dios, ni tampoco puede".

¿Pero entonces cómo empezamos? Aplicando la sangre de Cristo a nuestra mente para anular los pensamientos que pueden fácilmente hacernos esclavos del pecado. Hebreos 9:14 explica la obra vital de la sangre de Cristo en nuestra mente, diciendo: ¿Cuánto más la sangre de Cristo, el cual mediante el Espíritu eterno se ofreció a sí mismo sin mancha a Dios, limpiará vuestras conciencias de obras muertas para que sirváis al Dios vivo?"

Este pasaje demuestra claramente que nuestro éxito es determinado por la obra de Dios en nuestra mente, al cambiar las cosas en que pensamos. Si nos enfocamos en los obstáculos que tenemos ante nosotros, estaremos permitiendo que ellos dominen nuestras oraciones y nuestras acciones, lo cual hará que nuestras ciudades permanezcan en tinieblas.

Podemos orar, estudiar la Palabra y ponernos el yelmo de la salvación , entendiendo que Dios tiene un plan en el cual debemos pensar, soñar y considerar. En esa atmósfera, el Espíritu Santo obrará los milagros que sean necesarios para cambiar nuestras ciudades y negarle al enemigo terreno en nuestros pensamientos en nuestra vida y en nuestras ciudades.

Recuerde: Medite los pensamientos de una persona eterna.

La espada del Espíritu (la Palabra de Dios)

Si no conocemos la Palabra de Dios, cualquier idea demoníaca o mundana puede parecer razonable. De hecho, la Palabra de Dios es lo que evita que el hombre piense que él es su propio dios. Si nuestras propias opiniones, pensamientos o conclusiones son nuestra mayor autoridad, estamos en serios problemas porque somos capaces de pensamientos horrendos y, por lo tanto, acciones horrendas.

La Palabra de Dios nos da un patrón para tener un carácter genuino. La Palabra aterroriza a toda fortaleza demoníaca porque desarrolla en todo cristiano la capacidad de librar una batalla de continuo.

Nosotros tenemos dos fuentes interdependientes de descubrir la Palabra de Dios: una relación personal con Jesucristo, la Palabra viva de Dios; y la Biblia, la Palabra escrita de Dios (véase Hebreos 4:12 y Juan 1:1-2). Cada una de esas fuentes estimula el crecimiento en la otra.

En la Biblia descubrimos la gran visión de Dios para nosotros, para nuestras familias, nuestras ciudades, nuestra nación y nuestro mundo. A través de la comunicación con Jesús, aprendemos métodos tangibles para negar el poder del mundo y frustrar las maquinaciones demoníacas. Estas dos fuerzas dinámicas comunican la voluntad y los métodos de Dios. Cuando se usan apropiadamente, siempre tienen éxito.

La información que hay en la Biblia es viva. Esta habla directamente a nuestras situaciones y da una ayuda específica. Nos enseña a evitar las asechanzas del enemigo y a no permitir que nuestras fallas del pasado estorben nuestro caminar de hoy.

Por esa razón oramos la Palabra de Dios, cantamos la Palabra de Dios, hablamos la Palabra de Dios, meditamos en la Palabra de Dios y anhelamos ser saturados con la Palabra de Dios. Es la espada que nos transforma de pacifistas en activistas, de pensadores introspectivos en transformadores de nuestras ciudades, de querer complacer a la gente a promover persuasivamente el reino de Dios.

Recuerde: La Biblia es la base de la autoridad en toda vida.

Orar en el Espíritu

A lo largo de los siglos, se han escrito muchos libros sobre la efectividad de la oración dominada por el Espíritu Santo. En una breve descripción de su propia vida de oración, Pablo revela en 1 Corintios 14:14-15, dos formas de orar: con la mente y con el espíritu.

Orar con la mente significa que estaba orando en su lengua nativa o al menos en una lengua que él entendía. Estas son las oraciones que generalmente se hacen en las reuniones de oración en la iglesia o antes de comer. Cuando hablamos en una lengua inteligible, confiamos en que nuestras oraciones sean grandemente influidas por el Espíritu Santo y que orar en un lenguaje conocido pueda ser "orar en el espíritu".

Pablo también identifica la oración en otra lengua, o en "lenguas". En 1 Corintios 14:2, él escribe: "Porque el que habla en lenguas, no habla a los hombres, sino a Dios; pues nadie le entiende, aunque por el Espíritu habla misterios". Yo creo que las lenguas son una manera en que los creyentes pueden orar en un lenguaje que ellos no han aprendido naturalmente.

Millones de creyentes en todo el mundo han experimentado el orar en lenguas. De 1 Corintios 13:1, donde Pablo dice: "Si yo hablase lenguas humanas y angélicas", podemos concluir que cuando la gente ora en lenguas, sus espíritus pueden estar hablando a Dios en un lenguaje terrenal de otro lugar u otro tiempo, o pueden estar hablando en un lenguaje angelical. Pero lo que sí sabemos a ciencia cierta es que el que ora así, se edifica a sí mismo (1 Corintios 14:4), sus oraciones son la voluntad perfecta de Dios (Romanos 8:27) y su fe es fortalecida (Judas 20).

¿Por qué debe la gente orar en lenguas? El libro de Romanos sugiere que el Espíritu Santo nos ayuda a expresarnos ante Dios.

> *Y de igual manera el Espíritu nos ayuda en nuestra debilidad; pues qué hemos de pedir como conviene, no lo sabemos, pero el Espíritu mismo intercede por nosotros con gemidos indecibles. Mas el que escudriña los corazones sabe cuál es la intención del Espíritu, porque conforme a la voluntad de Dios intercede por los santos (Romanos 8:26-27).*

Orar en lenguas es bíblico, pero no es un fin en sí mismo; su propósito es edificar al creyente para que el creyente pueda servir a otros.

Cediendo terreno al diablo

A través de este capítulo he hablado acerca de que el ponernos la armadura del Espíritu es vivir una vida de carácter y que ese carácter le niega al diablo terreno en nuestra vida. Ese principio viene de un pasaje clave en Efesios 4:27: "Ni deis ligar al diablo". Este pasaje de Efesios está rodeado de enseñanzas prácticas sobre el carácter, tales como hablar la verdad, controlar la ira, ganarse el sustento, huir de los pecados sexuales y no emborracharse.

Las fallas en el carácter dan al diablo un "lugar" en nuestra vida, el cual él aprovechará para destruir nuestra capacidad de cumplir nuestra primera prioridad. No importa cuán espiritual parezca uno ante los demás. No engañaremos al diablo, y no engañaremos a Dios.

Recuerde: No existen los secretos.

Catorce

Orando desde el cielo

Punto N° 6

Cuando Ronald Reagan era actor y vivía en California, los líderes comunistas no tenían ningún tipo de temor de sus puntos de vista, aun cuando el actor tenía fuertes opiniones sobre la amenaza que representaban los países comunistas para el mundo libre.

Luego, el *actor* Reagan se convirtió en el *presidente* de los Estados Unidos. Siendo presidente, en cierta ocasión mientras probaba un micrófono, dijo: "Cinco, cuatro, tres, dos, uno, acabamos de bombardear a Moscú". Esas palabras causaron un serio incidente internacional. No porque el actor Ronald Reagan, el ex-actor las haya dicho, sino porque Reagan, el presidente de los Estados Unidos, el único hombre en ese momento en capacidad de iniciar un ataque nuclear contra la Unión Soviética, las dijo.

Posición

Las posiciones que nosotros tenemos indican la autoridad que podemos ejercer. Después del incidente de "Acabamos de bombardear a Moscú" del presidente, yo estaba en la iglesia probando uno de los micrófonos nuevos y dije en son de broma: "Cinco, cuatro, tres, dos, uno, acabamos de bombardear a Moscú". Eso no le importó absolutamente a nadie. No despegó ningún bombardero. El NORAD no inició su estado de alerta. Los embajadores en Washington y Moscú no se alarmaron. ¿Por qué? Porque no importó lo que dije. Yo no tenía ninguna posición política ni militar. Yo no era el presidente.

Es vital que comprendamos nuestra posición. Un joven de diecinueve años se convierte en representante de su nación cuando se pone el uniforme de las fuerzas armadas de su país. El sigue siendo el mismo joven, pero el uniforme indica su posición. Puede disfrutar ciertas libertades como ciudadano, pero cuando se pone su uniforme, su comportamiento debe reflejar un patrón diferente, por causa de su posición.

Nosotros los creyentes debemos acoger nuestra posición en Cristo si queremos tener éxito en la oración y la acción para nuestras ciudades. Siempre me recuerdo a mí mismo que debo orar desde el cielo y no desde la tierra. Permítame explicar lo que quiero decir con "orar desde el cielo".

Nuestra posición en Cristo

En los primeros versículos de Efesios 2, Pablo habla de los notables cambios que ocurren en todos los que creen.

Cuando éramos no creyentes, éramos esclavos del pecado, estábamos atados al mundo y éramos víctimas del "príncipe de la potestad del aire, el espíritu que ahora opera en los hijos de desobediencia" (Efesios 2:2). Luego en el versículo 6, dice: "Y juntamente con él nos resucitó, y asimismo nos hizo sentar en los lugares celestiales con Cristo Jesús".

De modo que cuando nos hacemos cristianos, nuestra posición cambia a ser la de estar a la derecha de Dios, en Cristo Jesús, colaborando en Su reino. Ya no estamos bajo la autoridad de los espíritus malignos en la tierra.

Cuando yo oro en contra de las maquinaciones demoníacas, debo comprender completamente la realidad de mi posición en Cristo.

Estrategias demoníacas personales

Durante el verano después del primer año de la preparatoria, me fui a mi casa que quedaba en Yorktown, Indiana, para pasar las vacaciones con mi familia y mis amigos. Una noche, fui a la Iglesia Bautista de Yorktown, la cual fue el instrumento que Dios usó para que yo llegara a Sus caminos. Esta estaba vacía y yo entré allí para orar.

No había nadie allí así que yo caminaba tranquilamente teniendo comunión con el Señor cuando sentí que estaba viendo algo extraño. Por cuanto yo sabía que personas en la Biblia habían tenido visiones, yo sabía que éstas ocurrían en momentos de oración, así que me senté en una de las sillas y continué orando.

Vi una sala de partos donde el personal de un hospital llevaba a las mujeres que iban a dar a luz. Flotando sobre la mesa de partos, vi una serie de espíritus de tinieblas de diversas formas y tamaños. Había uno que parecía estar al mando y los demás estaban esperando la orden.

Cuando las mujeres eran traídas a la sala para dar a luz, el líder de los demonios asignaba a cada uno de sus demonios subordinados a cada niño recién nacido. A uno le asignaba alcoholismo; a otro le asignaba perversión sexual; a otro, arrogancia religiosa; a otro, la distracción de las riquezas o el poder. A algunos bebés se les asignaban demonios que los conducirían al temor, a la avaricia, al odio, a la cohibición, a la confusión, a la rebelión o a la necedad. Cuando una enfermera cargaba el bebé y la madre era llevada fuera de la habitación, el demonio asignado al bebé los acompañaba.

A raíz de esa visión, yo pensaba que había logrado tener una comprensión más clara de la seriedad de las artimañas del diablo. Yo podía identificar inmediatamente en mi propia vida la estrategia probable que al enemigo le gustaría usar para evitar que yo lograra hacer lo mejor que Dios quiere para mi vida. Quería probar la validez de mi conclusión, así que le pregunté a otras personas: "¿Podría decirme cuál es la manera primordial en que al enemigo le gustaría destruirle?" En casi todos los casos, la persona me daba una respuesta específica inmediata.

A medida que las personas pasan por la vida, tienen oportunidades de sucumbir a una variedad de tentaciones y varias de ellas pueden ser promovidas por fuerzas demoníacas. Aun cuando yo creo que Satanás utiliza demonios específicos para tentar a los individuos, ese hecho no es una excusa para rendirse a la tentación. Las maquinaciones demoníacas deben ser resistidas del mismo modo que las tentaciones de la carne.

Usted puede resistir las estrategias demoníacas rehusando rendir su mente a los pensamientos pecaminosos, rehusando actuar según los deseos pecaminosos y recibiendo al Espíritu Santo en su vida.

La oración también es un arma poderosa contra las estrategias del enemigo en la vida de una persona. Una persona común que no ora puede ser involuntariamente influida por demonios de odio, lujuria, avaricia, auto-compasión, engaño, orgullo, etc.

Yo creo que estos demonios persisten, esperando una oportunidad de involucrarse directamente en la vida de una persona. Si esa persona les da algo de terreno y aprende a cooperar con ellos, entonces la persona llega a ser endemoniada.

Al igual que los demonios tienen planes malvados para los individuos, creo que hay otros más poderosos que tienen asignaciones de infectar a comunidades enteras. Si los cristianos tuvieran eso en mente, la mayoría de ellos podría describir la estrategia que Satanás usa para contaminar a sus comunidades. Pero puede que no se den cuenta de que estos planes son ejecutados por espíritus que se especializan en ciertos tipos de pecados y engaños. Una ciudad puede ser el blanco de un espíritu de anarquía, ocultismo, avaricia, perversión, control, orgullo, pobreza.

El propósito de estos espíritus territoriales es evitar las manifestaciones del reino de Dios, paralizar a los cristianos y promover su propia naturaleza maligna a través de la vida de personas dentro de sus territorios.

Según Efesios 1:21, Jesús tiene poder "sobre todo principado y autoridad y poder y señorío, y sobre todo nombre que se nombra, no sólo en este siglo, sino también en el venidero". Estoy convencido que este pasaje describe la autoridad de Jesús sobre los espíritus demoníacos que desean destruir la vida de las personas.

Así que cuando oramos desde nuestra posición en Cristo que está en los cielos, nosotros también tenemos autoridad sobre los poderes demoníacos, por medio de Cristo. Quiero describirle la dinámica espiritual que yo creo que sucede cuando oramos contra la actividad demoníaca.

La oración cristiana estimula la actividad del Espíritu Santo

Cuando oramos por alguien, nuestras oraciones estimulan la actividad del Espíritu Santo dentro y alrededor de la persona por la cual oramos. También restringimos la libertad de los espíritus malignos que están esperando obtener una mayor influencia sobre esa persona. La ilustración muestra el cambio en el

Impacto de la oración en un individuo

Odio

Autocompasión

Lujuria

Orgullo

Enojo

Individuo acosado por influencias demoniacas

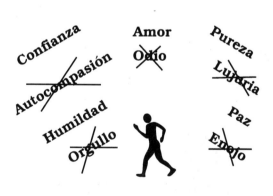

Confianza

Amor

Pureza

Autocompasión

Odio

Lujuria

Humildad

Paz

Orgullo

Enojo

**Individuo con influencias demoniacas
neutralizadas por la oración**

Impacto de la oración en una ciudad

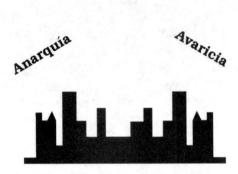

Una ciudad acosada por influencias
demoniacas

Una ciudad con influencias demoniacas
neutralizadas por la oración

entorno de una persona cuando ésta es el objeto de las oraciones de alguien.

Cuando oramos por la gente, tenemos la autoridad de alterar el entorno espiritual en que viven, pero no tenemos la autoridad de dominar su voluntad personal. Aún son responsables por sus propias elecciones. Pero si se está orando por ellas, aumentan las oportunidades de recibir una influencia espiritual positiva porque las influencias demoníacas son desplazadas por la actividad del Espíritu Santo o de los ángeles. Cuando oramos por individuos, aumenta grandemente el potencial de su capacidad de responder positivamente al evangelio.

Lo mismo ocurre con los lugares por los cuales oramos. Cuando oramos por nuestras ciudades, el clima espiritual puede ser alterado a medida que los espíritus malignos son quitados y las bendiciones de Dios llegan. Una comunidad por la cual se ha orado tiene una respuesta al evangelio mayor que una comunidad que no ha recibido oración. La ilustración 11 muestra el cambio del clima espiritual de una ciudad a medida que los creyentes oran.

Cuando no hay oración efectiva de cristianos, los cielos están cerrados y las influencias demoníacas y mundanas dominan. Pero cuando los cristianos comienzan a orar, las influencias demoníacas pueden llegar a debilitarse tanto que se produce un vacío y el reino de Dios puede llegar a manifestarse con una mayor efectividad. En esos lugares, ocurren conversiones masivas, crecimiento de iglesias vivificantes, mejoras en la sociedad y grandes avivamientos espirituales.

No es difícil. Una pequeña oración llega muy lejos; y mucha oración, mucho más. La oración estimula la actividad del Espíritu Santo y frustra la actividad demoníaca.

Esta también es una muy efectiva manera de orar por los líderes de la sociedad. Por ejemplo, si oramos por el senado de nuestro país, obstaculizamos las oportunidades de que los espíritus malignos pongan sus pensamientos y sus ideas en la mente de los congresistas y así hay mayores oportunidades para que el Espíritu Santo les dé ideas. Cuando oramos por el congreso, por el presidente, por las fuerzas policiales, por los maestros, por los pastores y demás miembros importantes de la comunidad, también ocurre lo mismo.

La oración del cristiano siempre disminuye la influencia de las potestades demoníacas y estimula el ministerio del Espíritu Santo. Siempre funciona. Nunca falla. Pero no podemos tomar ninguna posición en la tierra y esperar a que tenga efectividad. En lugar de ello, debemos orar desde nuestra posición en los cielos a la derecha de Dios en Cristo Jesús, porque sólo en El tenemos autoridad.

Ore siempre desde el cielo

Pablo hace énfasis sobre este punto en Efesios 3 cuando escribe: "Para que la multiforme sabiduría de Dios sea ahora dada a conocer por medio de la iglesia a los principados y potestades en los lugares celestiales, conforme al propósito eterno que hizo en Cristo Jesús nuestro Señor" (vv. 10-11).

El mundo, el diablo y los demonios no quieren que la gente entienda las verdades del evangelio. El dios de este mundo, Satanás, trabaja para cegar la mente de los que no creen. Y nadie puede llegar a entender el evangelio a menos que el Espíritu Santo lo revele de manera sobrenatural. En consecuencia, hay una gran lucha espiritual de parte del enemigo para mantener a la gente cegada al evangelio.

Sin embargo, Dios ha decidido hacer que la libertad esté disponible a través del evangelio, de la iglesia; a través de usted, el creyente. Y ese es el rol de la oración de confrontación. En la oración, nosotros 1) obtenemos vida por medio de la comunión con El, y luego 2)usamos la posición de autoridad en Jesús para dar a conocer la voluntad perfecta de Dios a los principados y potestades de las tinieblas. Esa es la oración violenta y de confrontación. No es difícil, no es complejo ni tampoco es un misterio. Siempre funciona cuando los cristianos lo hacen. Pero no es dulce; es violento.

Esto es algo que sólo nosotros, la iglesia, podemos hacer. Ningún otro grupo puede proporcionar un ambiente de libertad espiritual que abra la puerta para que la gente responda al evangelio. Sólo nosotros, la iglesia, al orar desde nuestra posición en los cielos, podemos disminuir la influencia demoníaca y estimular la actividad del Espíritu Santo.

Quince

Comunicándonos con Dios y confrontando al enemigo

Punto N° 7

Señor, tengo mucha hambre", le dije una vez al Señor después de tres días de oración y ayuno. Estaba caminando por un bosque en las laderas de las montañas Rocky y decidí decirle a Dios cuánto estaba yo sufriendo por El.

"Desearía una gran hamburguesa, un muslo de pollo, algo de maíz, o puré de papas y salsa", me quejaba. "Por favor, Dios, ya no puedo más. Debo estar muriendo. Quiero una malteada de chocolate, un mendrugo de pan, algo de comida china o mexicana. Mi pulso está aumentando y mi respiración es escasa. No viviré mucho. Tengo que comer algo".

Después de rumiar sobre mi hambre un poco más, sonreí y dije: "Señor, quiero que sepas algo. En verdad tengo hambre de comida, pero tengo más hambre de Ti".

Entonces El sonrió.

Una cita con Dios

Yo pienso en el ayuno y la oración como tener una cita con Dios. Es un tiempo específico apartado para pasar tiempo con El y para que El pase un tiempo conmigo. Generalmente me voy tres días con una Biblia, un poco de jugo y agua, un equipo portátil de música y algunos casetes, y mucha emoción.

Cuando mis amigos me preguntan cómo comenzar, yo les digo: "Haz un ayuno con jugo el primer día, con agua el segundo y de nuevo con jugo el tercero. He descubierto que eso me mantiene alerta, con energías suficientes y animado para poder caminar, orar, estudiar o cualquier cosa que necesite hacer mientras esté ayunando. Puede que no disfrutes mucho el estar ayunando, pero los resultados habrán valido la pena cuando termines".

Mientras busca al Señor, déjese llevar por la oración. Ore hasta que se olvide de sus preocupaciones personales y sea abrazado por Su poder. Pase de su sufrimiento personal al de El. Ore y ayune por tres días y recibirá nuevas ideas, liberación, fortaleza y refrescará su vida. Luego, con eso, prepárese para la victoria espiritual.

Mientras esté orando y ayunando, el enemigo tratará de utilizar cualquier truco para detenerlo en su propósito. El tratará de envolverlo en un análisis excesivo o le sugerirá que sus fallas espirituales son culpa de otra persona. Hará todo lo posible por distraerlo o por hacer que se rinda. Así que manténgase sencillamente ayunando, orando, leyendo su Biblia y deje que el Señor obre en su vida.

Al hacer esto, Dios le dará ideas para ayudar a administrar su tiempo, reorganizar sus prioridades, eliminar sus pecados secretos, conquistar las distracciones en su vida y meditar sobre el fracaso y el éxito. El le dará la sabiduría necesaria para que se mantenga al margen de la política en la iglesia y se enfoque en lo prioritario. El le enseñará sobre el rechazo, el sufrimiento, la pasión, la familia y las finanzas. En la atmósfera de la oración y el ayuno, Dios obrará milagros en su cuerpo, en su mente y en su espíritu.

Yo trato de ayunar tres días al mes. Mientras estoy ayunando y orando, me hago sensible espiritualmente, a ambos tipos de actividad espiritual. Así que a medida que uno tiene comunión con Dios, se satura de Su Palabra y se compenetra con el Espíritu Santo, también se tiene la oportunidad de apartar la carne y confrontar la actividad demoníaca. En ese ambiente, los absolutos de las Escrituras cobran vida con la revelación de que los absolutos son nuestro mensaje, porque son las verdades básicas y fundamentales de una vida cristiana exitosa. Cuando nuestro espíritu está activo, los absolutos están bien definidos.

Al orar y ayunar, Dios le dará ideas de cómo ministrar Su Palabra a la gente que normalmente no tiene la oportunidad de escuchar el evangelio. Su intelecto se hace cada vez más disponible al Espíritu, de modo que las ideas fluyen libremente mientras busca que el Señor le revele Su amor por las almas perdidas de su ciudad. Pídale que le muestre el cielo y el infierno. Lea las escrituras en relación a la vida eterna y a la muerte eterna.

Y deje que se lleve a cabo la transformación que El quiere hacer. Deje que el amor de Cristo lo impulse y que el terror del Señor lo motive. Internalice la necesidad de elevar el nivel de las aguas de la actividad del Espíritu Santo. Las iglesias crecerán y se fundarán otras para que miles de personas puedan llegar a El. Ore para que ocurra ese proceso en su ciudad y que los cristianos fuertes y estables y las iglesias vivificantes sirvan al pueblo de su ciudad.

Con el propósito de mantenerme alerta, a veces hago caminatas de oración por algunas comunidades mientras estoy en un ayuno. Otras veces paso el tiempo buscando al Señor y escuchando casetes de la Biblia. El ayuno es un catalizador que el Espíritu Santo usa para hacer una obra rápida en nuestra vida. Yo creo que el ministerio del Espíritu Santo y el mensaje de la Biblia cobran vida durante ese tiempo. El orar y ayunar aumentan mi autoridad espiritual, producen humildad, proporcionan una rica oportunidad para una guerra espiritual personal y permiten tiempo para descansar: una soledad constructiva, tiempo para pensar.

Nunca he conocido a alguien con un comportamiento adictivo que haya sido liberado permanentemente sin haber desarrollado una vida de ayuno y oración. Se necesitan las mismas cualidades para ayunar y orar que para vivir una vida que agrade al Señor.

Tenemos una elección. Podemos aprender a disciplinar nuestros cuerpos y vivir una vida plena en el Espíritu en la soledad de la oración y ayuno, o dejar que el Señor nos enseñe esas lecciones en público, lo cual puede ser embarazoso. Yo elijo ayunar y orar. Allí aprendemos sobre la comunión con Dios, conocerle a El; y aprendemos sobre la confrontación, negar la carne y permanecer firmes contra las asechanzas del enemigo.

En Lucas 4, la Biblia registra un ayuno de cuarenta días de Jesús. Durante ese tiempo, obviamente tuvo grandes encuentros con Dios el Padre, pero también tuvo tres grandes confrontaciones con el diablo.

Esa es exactamente la naturaleza de nuestros tiempos de oración, tanto cuando estamos ayunando, como cuando no lo estamos. Yo creo que cerca del 85 por ciento de nuestro tiempo de oración debe utilizarse en tener comunión con el Espíritu Santo, con Dios el Padre en el nombre de Jesús, alabándole, adorándole y conociéndole. El conversar con El, el conocerle y comunicarse con El son la esencia de nuestra vida en Cristo.

Pero eso no es todo. También debemos confrontar al enemigo y a sus estratagemas. En medio de la confrontación, podemos combatir verbalmente al enemigo usando el nombre de Jesús o pasajes específicos de las Escrituras. La confrontación es una parte vital de lo que hacemos al orar.

La confrontación

Guerra espiritual a nivel territorial

"Pastor Ted, necesito que ore por mí", dijo la señora Grayson con un aire de preocupación en su voz. "Mi familia está en problemas porque mi hija pequeña está fuera de control". Ella me contó sobre su hija de nueve años, Susan.* Ella había estado bajo tratamiento con medicamentos durante varios años y cada vez tenía que pasar más tiempo en el hospital. No había un consenso entre los médicos sobre su diagnóstico específico, pero la madre estaba segura de que la niña sufría de esquizofrenia.

"Mi hija es tan impredecible. Ella parece una niña agradable, pero de pronto se vuelve agresiva. ¿Qué podemos hacer? ¡No queremos perder a nuestra hija!"

Estando ella sentada en mi oficina llorando, yo le hice una cantidad de preguntas para determinar si el problema de la niña era en realidad una enfermedad mental o si estaba luchando contra espíritus malignos.

Después de nuestra conversación, la madre decidió que ella misma necesitaba oración. Yo estuve de acuerdo y me ofrecí a orar por ella en ese mismo momento. Ella quería liberación.

Mientras oraba por ella, ella permanecía sentada calmadamente con sus ojos cerrados y sus manos agarradas. No parecía estar sucediendo nada. Cuando terminamos, ella me agradeció cordialmente y luego salimos juntos al área de la recepción.

---

* Los nombres de este relato han sido cambiados para proteger la privacidad de los involucrados.

La secretaria de la iglesia nos estaba esperando ansiosamente. Ella dijo que el esposo de la señora Grayson había llamado varias veces, pero finalmente decidió que no podía esperar la llamada. El ya iba de camino a la iglesia con Susan.

El señor Grayson, al igual que su esposa, parecía muy sereno. Su hija era agradable. Una vez que los tres entraron a mi oficina, el señor Grayson dijo: "Susan entró en trance hace como una hora y comenzó a decir cosas que no tenían ningún sentido. Ella decía: 'No ores eso. Te odio,' o 'No me importa lo que digas. No voy a salir.' Otra vez dijo: 'Tú eres malvada. Hemos vivido aquí durante años y tú no vas a hacer que nos vayamos'".

Mientras nos contaba lo que la niña había dicho, la señora Grayson y yo nos dimos cuenta que Susan estaba respondiendo a la oración que yo había hecho por su madre. Yo nunca había conocido un caso semejante. Le pregunté a Susan si quería ayudarnos con la oración para ver si el Señor sanaba a su madre y a ella. Ella me miró con ojos esperanzadores y aceptó.

En los siguientes meses, esta familia aprendió lo que es la guerra espiritual. Yo les di mi folleto sobre guerra espiritual titulado *Cómo tomar la autoridad sobre su mente, su hogar, su negocio y su país*, para que pudieran tener suficiente información para orar efectivamente en la casa. Ellos venían a la oficina cada semana, donde orábamos y yo les daba consejería por más o menos una hora. Después de unos cuantos meses, Susan ya no necesitó cuidados en el hospital y su médico comenzó a experimentar una reducción de los medicamentos. Después de seis meses, Susan ya no usaba medicamentos, comenzó a asistir de nuevo al colegio y se involucró en las actividades de la iglesia.

Las Escrituras nos autorizan a liberar a los cautivos (véase Isaías 42:7; 49:9; 61:1), pero a menudo queremos creer que podemos hacer la obra de Dios sin confrontación alguna. Yo no creo que el modelo del ministerio bíblico nos permita darnos ese lujo.

El Dr. Peter C. Wagner, en su libro *Guerra espiritual*, llama a la liberación espiritual "guerra espiritual a nivel territorial". Yo creo que el ministerio de liberación es tan importante que es responsabilidad de cada cristiano saber cómo echar a un demonio de una persona endemoniada. (Si usted siente que no sabe cómo hacerlo, lea los ejemplos que Jesús dio en el evangelio de Marcos.)

El Dr. Wagner también describe confrontaciones a nivel ocultista con entidades demoníacas. La guerra a nivel ocultista combate la actividad demoníaca que es estimulada a través del ocultismo. Por ejemplo, se necesitaría este tipo de guerra en una situación donde una maldición ocultista trae ataques satánicos a la vida de una persona. Yo creo que también podemos orar contra la resistencia demoníaca que con frecuencia viene contra toda una iglesia.

Prácticamente todos los sábados por la noche, cuando voy a la iglesia a orar por el servicio del día siguiente, oro para cancelar el poder espiritual de cualquier palabra o acción negativa que hubiesen podido avanzar contra la iglesia, contra las familias de la iglesia y contra mi familia en particular.

Creo que los individuos, las familias y las iglesias deberían practicar regularmente la guerra espiritual a nivel ocultista porque no hay otra manera de saber lo que otras personas están tratando de hacerle a usted espiritualmente.

Guerra espiritual a nivel estratégico

La guerra espiritual a nivel estratégico es el tercer nivel descrito por el Dr. Wagner. Esta se refiere a la oración de confrontación que afecta las potestades demoníacas que influyen sobre regiones enteras.

Cuando oramos por una región, asumimos nuestra posición en Cristo a la diestra del Padre y usamos esa autoridad para orar por el clima espiritual de toda esa región. Ese tipo de oración es efectivo en cualquier momento para debilitar a principados demoníacos y bendecir a la gente.

Nosotros a veces viajamos a lugares específicos de poder espiritual para orar allí. Los lugares altos desde donde se ve toda una ciudad o los puntos donde hay poderes espirituales en una ciudad son sitios efectivos para orar estratégicamente contra espíritus territoriales. Estos puntos de poder son considerados como sitios que fortalecen las actividades demoníacas de una región o ciudad, como por ejemplo un bar muy popular o un templo de adoración ocultista. A veces los edificios de gobierno, las logias masónicas o iglesias antiguas son puntos de poder.

En octubre de 1993, dirigí a un equipo de treinta y una personas en un viaje de oración para orar estratégicamente por Albania. Mientras estuvimos allí, tuvimos tres experiencias vívidas en las cuales los miembros de nuestro equipo experimentaron guerra espiritual a nivel estratégico. Una de ellas ocurrió cuando yo acompañaba a tres personas a una cueva en un lado de una montaña donde un muchacho islámico nos había dicho que había actividad demoníaca.

Quince años atrás un hombre había subido a la cima de esa montaña para orar porque se hallaba muy atado por su pecado. Mientras oraba, llegó a la conclusión que necesitaba una expiación por sus pecados. Esto lo afligía terriblemente. En medio de su pecado y por causa de su falta de conocimiento, entró a una gran cueva a un lado de la montaña y se suicidó, esperando expiar su pecado.

Desde entonces, esa cueva se ha convertido en un sitio para sacrificios de animales (y quizás humanos).

Nuestro guía nos dirigió a la estrecha escalera construida en la roca, la cual llevaba a la cueva. Vimos gotas de sangre fresca que resplandecían sobre las piedras que servían de camino. El guía estaba tan asustado que, tan pronto como nos indicó el lugar que estábamos buscando, se fue. El resto de nosotros nos dimos cuenta que ese lugar se había convertido en una fortaleza del diablo siglos atrás y teníamos que hacer todo lo que pudiésemos para neutralizar la actividad demoníaca.

Cuando entramos en la cueva, vimos que había un par de zapatos a la entrada, lo cual es característico de los sitios de adoración en los países orientales. Los zapatos también nos dieron una indicación de que aún había uno de los adoradores del sacrificio de la mañana. Al entrar al área de adoración, vimos que había símbolos religiosos islámicos dibujados distorsionadamente hasta convertirlos en símbolos satánicos. (He visto el mismo tipo de distorsión en el satanismo norteamericano, solo que ellos usan símbolos cristianos o judíos y los distorsionan.)

Mientras caminábamos y confrontábamos a los demonios en el nombre de Jesús, llegamos a una caverna oscura con docenas de velas en el piso y los salientes. En una ferviente oración de confrontación oramos diciendo que solo el Dios de Israel –el Dios de Abraham, de Isaac y de Jacob– sería adorado en ese lugar. Tomamos aceite, un símbolo del ministerio del Espíritu Santo y lo pusimos en las velas y en las paredes oscurecidas por los cientos de años de humo.

Mientras orábamos, comenzamos a sentir un aire de libertad que llenaba la cueva, pero para que fuese efectiva teníamos que hallar el lugar del sacrificio.

Con nuestra adrenalina fluyendo y nuestros sentidos alerta por causa de la extraña combinación de miedo y confianza, pasamos del área de adoración para ver otra rama de la cueva la cual se internaba más profundamente en la montaña. Al entrar vimos cuatro altares cubiertos y, justo detrás de ellos, un manantial subterráneo. Inmediatamente sentimos un gran miedo y olas de temor. Estábamos orando, pensando, preocupándonos, y buscando nerviosamente al adorador que, según pensábamos, probablemente se estaba ocultando en alguna grieta.

Enfrentamos el terror con la confianza de que estábamos siendo Sus embajadores. Vencimos la ansiedad del peligro evidente con pensamientos de servir a la gente al librarla de la manipulación religiosa demoníaca. El miedo iba y venía. Pero la fe siempre estaba allí.

Cheri Will, un ama de casa e intercesora, y yo comenzamos a romper maldiciones a ungir los altares con aceite, a echar demonios fuera de la cueva y a pedir que la gloria de Dios llenara ese lugar en el nombre de Jesús. Vince D'Acchioli, uno de los ancianos de nuestra iglesia, se quedó cerca de la entrada con Tina Pérez, una maestra de los niños de la iglesia, y oraban por nuestra protección. Nos dábamos cuenta que Dios estaba haciendo un gran milagro.

Cuando el terror disminuyó y la confianza aumentó, salimos de la cueva preguntándonos por qué nunca localizamos al dueño de los zapatos de la entrada. Para entonces la sangre estaba seca. Cuando nos alejábamos de la cueva, vimos un grupo de albaneses que se habían reunido en la cima de la montaña y estaban corriendo y gritando. Estaban emocionados contándole a todos que había llegado un grupo de extranjeros a echar a los demonios fuera de la cueva.

Sin embargo, en medio del gozo y la emoción, en el pináculo de la montaña había una pequeña mujer toda vestida de negro, señalando hacia nosotros con una mano y haciendo girar su molinillo de oraciones con la otra. Cuando la vimos, comenzamos a orar por ella y caminamos hacia ella. Ella huyó de nosotros hacia un área boscosa mientras continuaba girando su molinillo de oración.

Mientras Vince y yo distraíamos la atención de las otras personas que se habían reunido allí, Tina y Cheri fueron hasta la cima de la montaña y oraron para que Dios bendijera y derramara Su misericordia sobre el pueblo de esa región. Eso es guerra espiritual a nivel estratégico.

¿Cómo sabemos que el viaje de oración a Albania fue efectivo? De acuerdo con los informes que hemos recibido de numerosas fuentes, el cuerpo de Cristo allí creció en un 600 por ciento de octubre de 1993 a octubre de 1994. Hubo muchas razones para ese crecimiento, pues el cuerpo de Cristo en Albania era muy reducido. Pero la disposición de los albaneses ahora de aceptar el evangelio es un indicador que la oración ha sido, y continúa siendo, efectiva.

Cuando ore por su ciudad, es importante considerar cuáles son los espíritus territoriales que pueden estar tratando de obstaculizar el crecimiento del reino de Dios allí. Identifique esos espíritus y utilice la autoridad que usted tiene en Cristo para debilitar o quitar esos principados demoníacos. En su ciudad, esa oración se hace de dos maneras: 1) A través de una confrontación verbal de las fortalezas demoníacas y orar para que el reino de Dios sea establecido y 2) por medio de un estilo de vida que exprese su fe.

Venga Tu reino

Obviamente, orar por la manifestación del reino de Dios en la vida de las personas debe ser el resultado deseado de toda intercesión. Antes y después de un tiempo de confrontación espiritual, es muy importante la comunión con el Padre. A menudo, yo oro la porción de la oración que nos dejó el Señor que dice: "Venga tu reino. Hágase tu voluntad, así como en el cielo, así también en la tierra" (Mateo 6:10).

Esta porción de la oración es particularmente poderosa al orar por las personas de nuestras ciudades. Cuando oramos pidiendo que sea establecido el reino de Dios en el corazón de la gente, estamos pidiendo que el Espíritu Santo obre en su vida.

Yo tomo tres listas prioritarias de la Biblia: los siete espíritus del Señor (Isaías 11:2), el fruto del Espíritu (Gálatas 5:22-23) y los dones del Espíritu (1 Corintios 12:7-10), y oro para que ellos sean manifestados en la vida de las personas de mi ciudad. Yo sé que el fruto y los dones del Espíritu solo pueden manifestarse en la vida de los creyentes. Pero también sé que ellos son bendiciones en la vida de los no-creyentes en cualquier grado en que puedan obrar.

Cuando oramos por otros, pidamos a Dios que les dé estas bendiciones. Si toma tiempo para estudiar estos temas, ayudará a aumentar su fervor mientras ore diciendo: "Venga tu reino. Hágase tu voluntad, así como en el cielo, así también en la tierra". Estas son las evidencias del reino de Dios en la gente. Ore para que Dios les dé:

Isaías 11:2

- El espíritu del Señor
- El espíritu de sabiduría
- El espíritu de entendimiento
- El espíritu de consejo
- El espíritu de poder
- El espíritu de conocimiento
- El espíritu del temor del Señor

Gálatas 5:22-23

- Amor
- Gozo
- Paz
- Paciencia
- Benignidad
- Bondad
- Fe
- Mansedumbre
- Templanza

1 Corintios 12:7-10

- Palabra de sabiduría

- Palabra de ciencia
- Fe
- Dones de sanidades
- Hacer milagros
- Profecía
- Discernimiento de espíritus
- Diversos géneros de lenguas
- Interpretación de lenguas

Mientras ora, tenga esta lista a mano y pida a Dios que le conceda todo esto a las personas de su ciudad. Pídale que "el Espíritu del temor al Señor" ministre a todas las personas de su ciudad. Ore para que el Señor envíe templanza y fe a la gente de su ciudad. Piense en los resultados mientras ore que el Espíritu de profecía sea derramado sobre todos los funcionarios de gobierno de su ciudad o que la palabra de sabiduría obre a través de cada juez y cada jurado en su ciudad. Ore pidiendo que todos los agentes de policía puedan discernir espíritus. (Yo creo que el simple hecho de orar por la policía de Colorado Springs ha contribuido a aumentar la efectividad de nuestro departamento de policía.)

Nosotros oramos para que Dios dé a cada ciudadano fe. El aumento de su confianza en Dios, gracias a su fe, los preparará a recibir el evangelio. Necesitamos sanidad en nuestro corazón, milagros para proteger a nuestros hijos, y benignidad y fe en cada hogar.

"Venga tu reino. Hágase tu voluntad, así como en el cielo, así también en la tierra".

Todo lo que contiene esta lista son evidencias de Su reino. Todo lo que contiene esta lista son Su perfecta voluntad. Todo lo que contiene esta lista nos permite tener un poco del cielo aquí en la tierra.

Nuestra responsabilidad para con nuestra primera prioridad

¿El cielo o el infierno? Es su ciudad. Es su elección.

Cada mañana, la recepcionista de nuestra iglesia coloca una copia de los obituarios de periódico de la mañana en el escritorio de cada miembro del personal de la iglesia. Junto a la copia hay una nota anexa que dice:

Hoy, de la ciudad de Colorado Springs, hay gente que irá al cielo y hay gente que irá al infierno. El porcentaje de personas que van al infierno hoy está determinado por la forma en que hizo usted su trabajo ayer.

Si hoy tiene presente al cielo, podrá ayudar a alguien a que no vaya al infierno mañana. ¿Por qué hago esto? Porque es necesario que se nos recuerde constantemente cuál es nuestra primera prioridad: Impedir que la gente de nuestra ciudad vaya al infierno.

La Biblia proporciona una clara ilustración del infierno. Jesús tenía una profunda preocupación para que la gente no fuese al infierno porque es allí donde "el gusano de ellos nunca muere, y el fuego nunca se apaga" (Marcos 9:42-48). Cuando Jesús se refirió al infierno, a menudo lo describía como Gehena, el cual era un crematorio de basura cerca de Jerusalén. Un fuego perpetuo con gusanos, larvas, llamas y tribulación –un lago de fuego– ausencia de vida. Las emociones que allí prevalecen son el remordimiento y el tormento. El lamento de la agonía, el doloroso crujir de dientes, el chirrido interminable de carne humana que se quema son los sonidos y los olores que allí prevalecen.

Solo.

Sin salida.

Sin segunda oportunidad.

Dios no quiere que nadie pase la eternidad en el infierno (2 Pedro 3:9). El infierno estaba preparado para el diablo y sus demonios (Mateo 25:41), así que los únicos que perecen son los que rechazan a Dios. Dios no los envía al infierno; ellos se envían a sí mismos por elección propia (Juan 3:17-18).

La iglesia

El apóstol Pablo menciona dos motivaciones principales de su ministerio efectivo. Una se encuentra en 2 Corintios 5:11, donde dice: "Conociendo, pues, el temor del Señor, persuadimos a los hombres". Este pasaje revela que Pablo tenía una sincera comprensión de la horrible naturaleza de la ira de Dios y el terror que caía sobre sus enemigos. Por lo tanto, él temía por aquellos que no conocían el evangelio. A Pablo lo consumía el destino de esa realidad y, por tanto, se motivaba a persuadir a los hombres.

Unos cuantos versos más adelante, Pablo escribe: "Porque el amor de Cristo nos constriñe" (2 Corintios 5:14). Luego él da una explicación del evangelio. Aquí él comunica que él es constreñido por el amor de Cristo hacia sí mismo y hacia los demás. Parece que Pablo tuviese una profunda comprensión de la realidad de que el juicio es real pero que Dios ama profundamente a la humanidad. El evangelio, entonces, es la realidad de que ningún hombre necesita pagar el precio de sus propios pecados, sino que puede evitar el juicio por medio de la fe en Cristo Jesús. Dios ama a los perdidos, y eso constreñía a Pablo.

La responsabilidad del mensaje está ahora en sus manos y en las mías, en las manos de la iglesia. Nosotros somos la iglesia.

- Nosotros somos los únicos con un mensaje que garantiza la vida eterna.

- Somos los únicos con acceso ilimitado a Dios el Padre.

- Somos los únicos con el poder del Espíritu Santo y la autoridad para anular la influencia de las estrategias demoníacas.

- Somos los únicos capaces de vencer a "las puertas del infierno".

- Somos los únicos en nuestras ciudades que podemos hacer ese trabajo.

- Somos los únicos exclusivamente responsables porque somos Su cuerpo, Sus colaboradores, Sus embajadores, Sus amigos.

El nos dio Su naturaleza, Su voluntad, Su plan, Su Espíritu, Su gracia, Su amor y Su unción.

Nuestro rol como libertadores es una responsabilidad vivificante. Pablo se refirió a esto cuando dijo: "Yo, limpio; desde ahora me iré a los gentiles" (Hechos 18:6; véase también 20:26). El se estaba refiriendo al hecho de que había predicado a los judíos de esa región según entendía que era su responsabilidad; pero ahora que ellos habían rechazado el mensaje, su responsabilidad era ir a los gentiles.

Nosotros, en la Iglesia Vida Nueva, oramos por cada nombre que aparece en la guía telefónica porque es nuestra responsabilidad hacerlo. No lo hacemos por diversión, ni como algo para llamar la atención, ni tampoco porque es una novedad. Lo hacemos porque ello puede significar la diferencia entre la vida y la muerte. Como miembros del cuerpo de Cristo, nosotros tenemos la autoridad para quitar la actividad demoníaca y estimular la actividad del Espíritu Santo en la vida de las personas de nuestra ciudad. Probablemente sus psicólogos o psiquiatras son buenas personas, pero no pueden manejar sus problemas de demonios, su vieja naturaleza pecaminosa, ni su destino eterno. Pero nosotros sí.

Cuando distribuimos los videos **JESUS, hacemos caminatas de oración y respetamos a los demás, lo hacemos por un propósito que sólo nosotros podemos llevar a cabo. Nosotros, los que pertenecemos al cuerpo, somos los únicos que podemos hacer que la gente regrese al árbol de la vida y restaure su inocencia. Somos los únicos que podemos demostrar que la humildad es más poderosa que el control y la manipulación. La iglesia tiene el poder para tener un carácter genuino por medio de la armadura que Dios nos da. Podemos tener comunión con Dios y vencer las fortalezas del enemigo, nadie más puede.**

Por eso la Palabra de Dios dice: "si se humillare mi pueblo, sobre el cual mi nombre es invocado, y oraren, y buscaren mi rostro, y se convirtieren de sus malos caminos; entonces yo oiré desde los cielos, y perdonaré sus pecados, y sanaré su tierra" (2 Crónicas 7:14).

Este versículo expresa claramente que cuando nosotros como Su cuerpo hacemos lo que solo nosotros podemos hacer, El crea las condiciones para sanar nuestra tierra. Ese es el punto central de todo este libro. Tenemos los recursos, el poder espiritual y la voluntad de Dios. Sólo nosotros podemos hacer lo que se debe hacer: Hacer lo posible para que la gente de nuestras ciudades vaya al cielo.

COMIENCE.

Notas

Prefacio

1. "En Colorado Springs los grupos religiosos tienen el derecho al paso", *Washington Post*, 25 de diciembre de 1994, p. A3.

Capítulo 1

1. Creo que el cumplimiento de esto fue las reuniones de los Guardadores de la Promesa, de miles de hombres que comenzaron con Bill McCartney, quien fuera entrenador de fútbol americano del equipo de los Búfalos de la Universidad de Colorado.
2. En 1987, la Iglesia Vida Nueva ayudó a desarrollar la Montaña de la Alabanza, una instalación de oración y ayuno en las montañas de Colorado.
3. En este momento, la Iglesia Vida Nueva, C. Peter Wagner (del Ministerio Cosecha Global y la Escuela Fuller de Misiones Mundiales), George Otis, hijo (del Grupo Centinela) y otros están planificando este centro de oración.

Capítulo 2

1. Thomas Heath, "En Colorado Springs los grupos religiosos tienen el derecho al paso", *Washington Post*, 25 de diciembre de 1994, p. A3.
2. *Gazette Telegraph*, 27 de julio de 1994, p. A6.
3. Dru Wilson, "Nuevas mutilaciones de ganado reviven preguntas", *Gazette Telegraph (Colorado Springs)*, 10 de septiembre de 1994, p. B6.

Capítulo 3

1. Esta información surgió del resumen de votos en la elección general realizada el 3 de noviembre de

1992, obtenida de Natalie Meyer, Secretaria de Estado del Departamento del Estado de Colorado.

2. La maestra llevó el asunto a la corte y se hizo una oferta de conciliación. La maestra recibió una contraoferta la cual está pendiente con fecha del 25 de enero de 1995.

3. De hecho, fue publicado un artículo en el *Washington Post*, del 25 de diciembre de 1994, titulado "En Colorado Springs los grupos religiosos tienen el derecho al paso". La Enmienda 2, la cual hizo de nuestra ciudad el centro de atención, está siendo desafiada en la corte. Ha sido rechazada por la Corte Suprema del Estado de Colorado por ser inconstitucional y sus autores han introducido una apelación en la Corte Suprema de los Estados Unidos.